"互联网+教育"新形态教材

新时代大学生
居安思危教育教程

主 编　杜　卡　李丽田　刘旺林
副主编　李瑞华　李生萍　胡宜波
参 编　黄珍力　何雨珊　杜若萱

上海财经大学出版社
SHANGHAI UNIVERSITY OF FINANCE & ECONOMICS PRESS

图书在版编目(CIP)数据

新时代大学生居安思危教育教程 / 杜卡,李丽田,
刘旺林主编. — 上海：上海财经大学出版社,2024.9.
ISBN 978-7-5642-4456-9

Ⅰ. G641

中国国家版本馆 CIP 数据核字第 202439NL17 号

□ 策划编辑　刘冬晴
□ 特约编辑　刘冬晴
□ 责任编辑　王　芳
□ 封面设计　贺加贝

新时代大学生居安思危教育教程

杜　卡　李丽田　刘旺林　主　编

李瑞华　李生萍　胡宜波　副主编

上海财经大学出版社出版发行

(上海市中山北一路 369 号　邮编 200083)

网　　址：http://www.sufep.com

电子邮箱：webmaster @ sufep.com

全国新华书店经销

启东市人民印刷有限公司印刷装订

2024 年 9 月第 1 版　2024 年 9 月第 1 次印刷

787mm×1092mm　1/16　10.5 印张　242 千字

印数：0 001—5 850　定价：48.80 元

序

Order

本教程是高校思想政治教育的重要内容之一，旨在提升大学生的国家安全意识和危机意识。教程包括总体国家安全观，涉及总体国家安全观、政治安全、国土安全、军事安全、经济安全、文化安全、社会安全、科技安全、网络安全、生态安全、资源安全、核安全、海外利益安全和新兴领域（太空、深海、极地、生物）安全17个方面的内容。其中政治安全、国土安全、军事安全和海外利益安全，因为涉及太多敏感话题，本教程不再一一单独列项阐述，在此仅仅作如下简单概述。

1. 政治安全

政治安全是指国家主权、政权、政治制度、政治秩序以及意识形态等方面免受威胁、侵犯、颠覆、破坏的客观状态。维护国家政治安全集中表现为对外保持中华人民共和国的主权独立、领土完整，对内坚持中国共产党的领导、人民民主专政、社会主义政治制度和社会政治秩序稳定、马克思主义意识形态的主导地位。最基础的是维护主权独立和领土完整。最核心的是政权安全和制度安全。

2. 国土安全

国土安全是指国家领土完整、国家统一、海洋权益及边疆边境不受侵犯或免受威胁的状态。涵盖领土、自然资源、基础设施等要素。主要目的是防范和应对来自国内外各种形式的威胁和挑战，以保障国家的主权、安全和发展利益。

3. 军事安全

军事安全是指国家不受外部军事入侵和战争威胁的状态，以及保障这一持续安全状态的能力。它包括军队的现代化、正规化建设，加强国防力量，以及制定和实施有效的国防政策等方面。军事安全是国家安全体系的重要领域之一，对于维护国家的主权、安全和发展利益具有至关重要的作用。

4. 海外利益安全

海外利益安全是新时期我国发展和安全利益的重要组成部分，主要包括海外能源资源安全、海上战略通道以及海外公民、法人的安全。

大学生是国家的未来，也是世界的未来。新的时代面临新的挑战和机遇，作为新时代大学生，应该树牢总体国家安全观，增强忧患意识；严格遵守国家的法律法规，不参与任何危害国家安全的活动；弘扬爱国主义精神，强化国家安全意识和中华民族共同体意识；提高信息安全意识，维护国家信息安全；培养危机防范能力，提高面对各种风险挑战应对能力；关注国际形势，拓展国际视野。

　　总之，新时代大学生居安思危教育是一个全面而系统的工程，需要高校在课程设置、师资力量、实践基地等方面进行综合改革和创新，同时也需要大学生积极参与和实践。通过教育和引导，让大学生成为具有强烈危机意识、良好防范能力和高度社会责任感的新时代优秀人才。

前言

Preface

    2016 年 4 月 15 日，中共中央总书记、国家主席、中央军委主席、中央国家安全委员会主席习近平在首个全民国家安全教育日到来之际作出重要指示："国泰民安是人民群众最基本、最普遍的愿望。实现中华民族伟大复兴的中国梦，保证人民安居乐业，国家安全是头等大事。要以设立全民国家安全教育日为契机，以总体国家安全观为指导，全面实施国家安全法，深入开展国家安全宣传教育，切实增强全民国家安全意识。"①2020 年 9 月 28 日，教育部正式印发《大中小学国家安全教育指导纲要》，强调新时代我国国家安全教育要"进课程、进教材、进校园，全面增强大中小学生的国家安全意识，提升维护国家安全能力，为培养社会主义合格建设者和可靠接班人打下坚实基础"。

    本书在深入学习习近平新时代中国特色社会主义思想的基础上，贯彻习近平关于国家安全重要指示精神，落实教育部文件精神，是一部针对新时代学生国家安全教育的教材。

    教材内容包括总体国家安全观、经济安全、文化安全、社会安全、科技安全等方面，目的是通过一系列国家安全的学习教育，让学生学懂弄通"是什么""为什么""怎么办"，教育引导他们坚定理想信念，筑牢坚如磐石的安全堤坝，打造坚强有力的国家安全防线，切实维护总体国家安全。

    本教材的编写特点如下：

    (1)项目编排，任务驱动。以 17 个项目为模块组织教材内容，打破了原有教材体系的章节框架局限。以"典型案例透视""理论知识学习""实际操作训练"为任务，突出学生主体地位，充分发挥学生主观能动性。

    (2)校企合作，能力为本。教材通过相关部门审核，吸收有关人员意见建议；通过大量典型的案例和剖析，引发问题思考；设置"谈一谈：是什么""议一议：为什么""研一研：怎么办"几部分，培养学生的思辨能力、理解能力和解决实际问题的能力。

    (3)课程思政，启智润心。将社会主义核心价值观、国家安全意识等思政元素和素质目标渗透进知识、能力目标中，每个案例设置"案例剖析"，增强思政育人效果。

    (4)线上线下，立体学习。纸质教材利用二维码技术配备丰富的电子学习资源，学习

---

① 习近平. 汇聚起维护国家安全强大力量 不断提高人民群众安全感幸福感[N]. 人民日报，2016-04-15(1).

者拿出手机扫一扫，便可以获得对应部分的精彩视频，随扫随学；每个案例都标识有网络引文出处，方便网上查阅；在"学习通"建立在线精品课程，方便线上线下学习。

在本教材编著过程中，我们参考了大量的文献资料和网络资源，更是得到了郴州职业技术学院鲁玉桃教授的大力支持和悉心指导，还得到相关部门领导及有关兄弟院校的大力支持。在此，对这些领导、专家、教授和作者表示诚挚的谢意。

由于编写时间仓促，编者水平有限，书中疏漏与不当之处在所难免，敬请大家批评指正。

编　者

2024 年 9 月

目 录

Contents

项目一

总体国家安全观

任务一　典型案例透视

案例1：间谍"飞哥"

★ 微视频

李某受境外间谍"飞哥"指示，成为境外间谍情报机关的窃密工具，长期为其订购和提供境内内部军事刊物，并对重要军事基地进行长期定点定时观察，大量军事基地动态情况和军事装备的照片通过他的手流向境外。李某的疯狂举动已经严重威胁国家安全，国家安全机关在掌握确凿证据之后，对李某实施了抓捕。最终，李某因泄露机密级军事秘密13份、秘密级军事秘密10份，被判处有期徒刑10年。

防间反谍，人人有责

据不完全统计，2007年以来，"飞哥"利用"网上书店"军事爱好者网站等网络渠道，在全国范围内20多个省市策反数十名境内人员。事后以上人员均被法律制裁。

（摘自搜狐新闻 http://news.sohu.com/20140506/n399221783.shtml，有删改）

案例剖析：国家安全就像空气和水，与每个人都息息相关。每个公民都应该自觉遵守国家法律，克制贪欲，抵制诱惑，不要心存侥幸。每一个人都要有国家安全观，要结合自己的学习、工作实际，自觉践行国家安全观，更好地把思想和行动统一到中央重大决策部署上来，切实履行好维护国家安全的职责和义务。

任何个人或组织如果危害中国国家安全，窃取国家秘密，国家安全机关将绝不手软，坚决打击。

任务二 理论知识学习

★微视频

总体国家安全观主题

一、"谈一谈"：是什么

（一）总体国家安全观的概念

中国的总体国家安全观，就是坚持国家利益至上，以人民安全为宗旨，以政治安全为根本，统筹外部安全和内部安全、国土安全和国民安全、传统安全和非传统安全、自身安全和共同安全，完善国家安全制度体系，加强国家安全能力建设，坚决维护国家主权、安全、发展利益。总体国家安全观立意高远，思想深刻，内涵丰富，是顶层设计的"大安全观"，是新时代国家安全的新理念和新思维，也是中国特色国家安全建设的新思路。

（二）总体国家安全观的丰富内涵

总体国家安全观是新时代党中央对我国面临的各种安全问题和安全挑战的系统回应，是推进国家治理体系和治理能力现代化的重大理论成果。党的十九大报告指出，要坚持总体国家安全观，开创新时代国家安全工作新局面。总体国家安全观是一个系统、完整的理论体系，必须全面、准确地理解其丰富内涵。

总体国家安全的体系范畴，正如习近平总书记所指出的："贯彻落实总体国家安全观，必须既重视外部安全，又重视内部安全，对内求发展、求变革、求稳定、建设平安中国，对外求和平、求合作、求共赢、建设和谐世界；既重视国土安全，又重视国民安全，坚持以民为本、以人为本，坚持国家安全一切为了人民、一切依靠人民，真正夯实国家安全的群众基础；既重视传统安全，又重视非传统安全，构建集政治安全、国土安全、军事安全、经济安全、文化安全、社会安全、科技安全、信息安全、生态安全、资源安全、核安全等于一体的国家安全体系；既重视发展问题，又重视安全问题，发展是安全的基础，安全是发展的条件，富国才能强兵，强兵才能卫国；既重视自身安全，又重视共同安全，打造命运共同体，推动各方朝着互利互惠、共同安全的目标相向而行。"可见，总体国家安全观涵盖了包括政治安全、国土安全、军事安全、经济安全、文化安全、社会安全、科技安全、信息安全、生态安全、资源安全、核安全、海外利益安全和新兴领域等重要领域的安全范畴。

总体国家安全观是安全理念的时代创新。总体国家安全观强调以整体的、全面的、联系的、系统的观点来思考和把握国家安全问题。坚持总体国家安全观，是马克思主义基本原理的实践运用，是深刻总结我们党维护国家安全的历史经验，深入分析我国安全环境面临的新形势、新特点得出的科学结论，是我国国家安全理念的重大创新。2018年4月17日，十九届中央国家安全委员会召开第一次会议，习近平总书记进一步系统阐述了总体国家安全观的丰富内涵，并对全面贯彻落实总体国家安全观提出了新要求，使我们党对国家安全的认识提升到了一个新高度和新境界。2020 年，新冠疫情严重威胁全人类安全。在防控阻击新冠疫情的关键时刻，习近平总书记多次谈到国家生物安全的理念，强调"要把生物安全作为国家总体安全的重要组成部分，坚持平时和战时结合、预防和应急结合、科研和救治防控结合，加强疫病防控和公共卫生科研攻关体系和能力建设"[①]。至此，我国国家安全观共涉及 16 个领域，分别为政治安全、国土安全、军事安全、经济安全、文化安全、社会安全、科技安全、网络安全、生态安全、资源安全、核安全、海外利益安全、太空安全、深海安全、极地安全以及生物安全。

总体国家安全观是一个开放的体系，是不断发展的安全观念体系。随着时代发展和对国家安全观认识的深化，总体国家安全体系以后还可能引入一些新的安全领域。我们在学习总体国家安全观时，必须从整体的、全面的、联系的、系统的角度来思考和把握国家安全问题。

（三）总体国家安全观的精髓

总体国家安全观可以从不同角度解读，关键是要把握其精髓。总体国家安全观的精髓，可概括为五大要素和五对关系。

总体国家安全观的五大要素：以人民安全为宗旨，以政治安全为根本，以经济安全为基础，以军事、文化、社会安全为保障，以促进国际安全为依托。五大要素清晰地揭示了国家安全的整体性及其内在的逻辑关系，清晰地勾勒出中国特色国家安全道路的基本要求。

总体国家安全观的五对关系：既重视发展问题，又重视安全问题；既重视外部安全，又重视内部安全；既重视国土安全，又重视国民安全；既重视传统安全，又重视非传统安全；既重视自身安全，又重视共同安全。五对关系准确反映出总体国家安全观是一种辩证、全面、系统的国家安全理念，是对传统国家安全理念的超越。

总之，厘清总体国家安全观的五大要素，把握并正确处理五对关系，是理解总体国家安全观的关键所在。我们要从全局和战略的高度审视国家安全问题，统筹好不同领域、不同性质的安全工作，形成维护国家安全的强大合力。

二、"议一议"：为什么

当今世界正面临着前所未有的大变局：一方面，世界正经历一场历史性的地缘政治变革，国际力量对比发生深刻的变化，并朝着有利于和平与发展的方向变化；另一方面，经济全球化和全球性问题加深了全球相互依存的关系。

世界大变局带来了国际安全领域的新变化，对中国国家安全产生了深刻的影响：一方

[①]习近平. 协同推进新冠肺炎防控科研攻关 为打赢疫情防控阻击战提供科技支撑[N]. 人民日报，2020-03-03(1).

面，传统安全问题依然威胁着世界和平；另一方面，全球性挑战和非传统安全问题日益突出和严峻。

经济危机、气候变化、国际恐怖主义、难民问题、核扩散、网络安全等一系列全球性挑战，不仅威胁着中国的国家安全，而且威胁着整个人类的安全。

传统安全与非传统安全问题相互交织、相互渗透，使得安全的整体性、关联性增强，国家面临的安全挑战更加复杂，不确定性因素也明显增加。

特别是近年来，由于世界经济复苏持续乏力，西方世界"逆全球化"的思潮涌动，各种保护主义、民粹主义兴起，更使得各种风险挑战层出不穷。

总之，国际安全领域发生的变化既扩大和丰富了中国国家安全的内涵和外延，也使得中国国家安全面临的内外挑战比历史上任何时候都要复杂。

与此同时，经济全球化使世界各国在经济上的相互依存关系加深，在利益上高度交融，全球性挑战使各国休戚与共、命运相连。

党的十九大报告将"坚持总体国家安全观"纳入坚持和发展中国特色社会主义的基本方略之中，这是对"总体国家安全观"的最大发展和创新。

自党的十八大以来，中国国家安全工作取得显著成效，从"完善立体化社会治安防控体系"到"落实网络安全责任制"，从"加快推进国防和军队现代化建设"到"打造核安全命运共同体"，构建国家安全体系工作正从各领域全面展开，总体国家安全观在实践层次得到了具体落实。

以国际安全领域为例，中国在国防和军队建设、国家主权维护，以及与周边国家关系方面，都采取了更有力的措施，来维护中国的国家利益及国家安全。

习近平总书记强调，我们希望和平，但任何时候任何情况下，都绝不放弃维护国家正当权益、绝不牺牲国家核心利益。

近年来，中国在深化国防和军队改革，解决制约国防和军队建设的体制性障碍、结构性矛盾、政策性问题，深入推进军队组织形态现代化方面，取得了很大的进步。

在处理南海问题、钓鱼岛等问题方面，中国采取了多种灵活手段，坚决维护国家主权和领土完整，收到了明显效果。同时，中国也注重与周边国家发展友好关系，提出了"亲诚惠容"的周边外交方针，力争塑造和平的周边环境。此外，中国也加强了与其他国家的外交工作，在维护世界和平方面作出了重要贡献。

在网络安全领域，中国采取了一系列措施，有效维护了国家网络安全。当前，互联网的舆论属性和社会动员能力越来越强，日益成为各类风险的传播器和放大器，网络舆情触点多、燃点低、烈度强，热点敏感问题呈现易发多发态势。境内外敌对势力一直将互联网作为渗透破坏的重点领域，网络意识形态斗争形势更为严峻复杂。习近平总书记多次强调，"在互联网这个战场上，我们能否顶得住、打得赢，直接关系我国意识形态安全和政权安全。"党的二十大报告深刻把握信息时代发展大势，强调要"加强全媒体传播体系建设，塑造主流舆论新格局"，"加强国际传播能力建设，全面提升国际传播效能"，"讲好中国故事、传播好中国声音，展现可信、可爱、可敬的中国形象"。

近年来，各级党和政府加强和改进了网络正面宣传和舆论引导工作，并将其列入了重要议事日程，形成了主要负责领导亲自抓、各职能部门协调配合、人民群众积极参与的良好格局。

同时，党和政府加强了对各种类型的网络违法犯罪行为的管治力度，专门出台了关于治理网络诈骗、网络募捐、网络借贷、网络直播、网络信息搜索、网络传销、网络色情、网络赌博、网络虚假新闻等方面的管理规定或意见措施，在一些领域采取了专门行动，收到了较好的效果。

案例 2：大学生吴某投案自首

吴某系某大学在校生，在网上寻找兼职时，被伪装成"军事网站编辑"的境外间谍拉拢。在金钱的诱惑下，吴某根据对方要求，多次实地拍摄某沿海军港停泊军舰情况，并发送给对方。

2015 年 3 月，吴某在接受了当地国家安全机关敌情形势宣传教育后，深受触动，意识到自己的行为系间谍行动，已触犯国家法律，于是投案自首。

国家安全机关依据《中华人民共和国反间谍法》第二十七条规定，鉴于吴某主动终止违法行为，并有自首和悔改表现，依法对其免除处罚。

（摘自搜狐网 https://www.sohu.com/a/313163796_120025743，有删改）

案例剖析：吴某从以身试法到自首悔改的案例，体现了学习和开展国家安全教育的必要性。新时代的青少年必将是未来维护社会稳定和国家安全的主力军，因此必须深入学习领会贯彻党的十九大报告中关于国家安全理论的新阐述，增强思想自觉、理论自觉和行动自觉，坚决与危害国家安全的思想和行为做斗争，做践行总体国家安全观的忠诚卫士。

三、"研一研"：怎么办

习近平总书记指出："要准确把握国家安全形势，牢固树立和认真贯彻总体国家安全观，以人民安全为宗旨，走中国特色国家安全道路，努力开创国家安全工作新局面，为中华民族伟大复兴中国梦提供坚实安全保障。"[①]准确把握国家安全形势变化新特点新趋势，坚持总体国家安全观，走出一条中国特色国家安全道路，我们应着力把握以下六个方面。

（一）以人民安全为核心宗旨

人民安全高于一切是总体国家安全观的核心宗旨。坚持以人民安全为宗旨，保障人民安全是国家安全工作的根本任务。2014 年 4 月 15 日，习近平总书记在中央国家安全委员会第一次会议上的讲话中指出："既重视国土安全，又重视国民安全，坚持以民为本、以人为本，坚持

★微视频
以人民安全为宗旨

---

①习近平. 牢固树立认真贯彻总体国家安全观 开创新形势下国家安全工作新局面[N]. 人民日报，2017-02-18(1).

国家安全一切为了人民、一切依靠人民，真正夯实国家安全的群众基础。"[①]2015年颁布的新《国家安全法》提出，以人民安全为宗旨，维护和发展最广大人民的根本利益，保卫人民安全。

以人民安全为核心宗旨，是总体国家安全观的内在逻辑。保障人民利益，维护人民安全，不断增强人民群众的获得感、幸福感和安全感，是以人民安全为宗旨在总体国家安全观中的具体体现。在2016年4月15日首个全民国家安全教育日，习近平指出："国泰民安是人民群众最基本、最普遍的愿望。实现中华民族伟大复兴的中国梦，保证人民安居乐业，国家安全是头等大事。要以设立全民国家安全教育日为契机，以总体国家安全观为指导，全面实施国家安全法，深入开展国家安全宣传教育，切实增强全民国家安全意识。要坚持国家安全一切为了人民、一切依靠人民，动员全党全社会共同努力，汇聚起维护国家安全的强大力量，夯实国家安全的社会基础，防范化解各类安全风险，不断提高人民群众的安全感、幸福感。"[②]

案例3：人民公安为人民

★微视频

中国大学生年度
人物：李博亚

李博亚，男，河南省平顶山鲁山县人，1992年出生，2011年进入公安部直属的铁道警官高等专科学校，就读于公安技术系网络与安全监察专业。

2012年6月，铁道警官高等专科学校选派400名优秀学生与北京铁路公安局联合开展为期两个月的铁路暑运安保教学见习活动。李博亚来到昌黎火车站，成为一名见习铁路警察。

2012年7月9日17时40分，李博亚在昌黎站一站台维护1547次列车旅客上车秩序，一中年男子突然跳下站台。此时，1547次列车正缓缓进站，距离此人只有十几米远。

李博亚毫不犹豫，立即跳下站台，欲将此人推出道心。列车司机发现后，立即采取紧急制动措施，但由于距离太近，李博亚和中年男子均被列车撞倒在地。

李博亚因救人双小腿被轧断，身负重伤，受到全社会的广泛关注。李博亚先后被授予"全国见义勇为优秀大学生""中国青年五四奖章""全国公安系统二级英雄模范""河南省模范大学生"等荣誉，被誉为"90后最美学警""中国最美警察"。2013年5月，李博亚获评2012中国大学生年度人物。

"人民公安为人民"，这是每一名人民警察忠于职守、无私奉献，甚至不惜鲜血和生命去践行的庄严承诺。"90后最美学警"李博亚用实际行动实践了这句诺言，彰显了以人民安全为宗旨的国家安全观。

（摘自搜狐网 http://news.sohu.com/20120806/n349982185.shtml，有删改）

---

① 习近平. 牢固树立认真贯彻总体国家安全观 开创新形势下国家安全工作新局面[N]. 人民日报，2017-02-18(1).

② 习近平. 汇聚起维护国家安全强大力量 不断提高人民群众安全感幸福感[N]. 人民日报，2016-04-15(1).

　　人民安全是国家安全最核心的部分，是高于一切的安全。总体国家安全观把人民安全置于国家安全的所有要素之前，强调国家安全要"以人民安全为宗旨"，从而确立了人民安全在整个国家安全工作中的首要地位。2018年4月17日，习近平总书记在十九届中央国家安全委员会第一次会议上发表重要讲话，强调"坚持人民安全、政治安全、国家利益至上的有机统一，人民安全是国家安全的宗旨，政治安全是国家安全的根本，国家利益至上是国家安全的准则，实现人民安居乐业、党的长期执政、国家长治久安"[①]。习近平总书记运用马克思主义理论与方法，从中国特色社会主义现代化建设全局的战略高度，深刻地阐述了人民安全与国家安全的辩证关系，清晰地阐明了一个道理：国家安全是人民幸福安康的基本要求，人民安全是国家安全的宗旨。2020年年初，由新型冠状病毒感染引发的疫情迅速蔓延至全国，成为中华人民共和国成立以来我国发生的传播速度最快、感染范围最广、防控难度最大的一次重大突发公共卫生事件。习近平总书记时刻关注疫情形势，亲自指挥、亲自部署，多次作出重要指示和批示，要求"把人民群众生命安全和身体健康放在第一位，把疫情防控工作作为当前最重要的工作来抓"[②]。这充分体现出人民安全始终是国家安全的第一要义，以人民安全为宗旨是总体国家安全观的内在逻辑。

　　以人民安全为核心宗旨，是国家安全工作的出发点和落脚点。国家安全的根基在人民、力量在人民、血脉在人民，维护国家安全必须紧紧依靠人民。历史证明，人民安全和国家安全是有机统一的：人民越有安全感，国家安全就越有保证；国家越平安，人民就越有安全感。维护国家安全不仅需要强大武装力量的支撑，更要依靠广大人民群众的坚强支持。中国共产党在成立之初就把"人民"二字镌刻在党旗上，始终保持与人民群众的血肉联系，得到了人民的拥护和支持，国家安全深深扎根于人民之中。特别是党的十八大以来，以习近平同志为核心的党中央坚持以人民为中心，高度重视民生改善，全力维护人民安全，团结带领全党全国人民奋力开创中国特色社会主义新时代。全面践行总体国家安全观，坚持以人民安全为宗旨，既要把人民安全作为维护国家安全的根本目的，也要把人民群众作为维护国家安全的主体力量，充分发挥人民群众在维护国家安全中的主体作用。

案例4：也门撤侨

　　2015年3月26日，沙特等国对也门胡塞组织突然发起"决战风暴"军事行动，也门安全形势骤然恶化，600余名在也门的中国公民面临严峻的安全威胁。

★微视频

也门撤侨

　　为了保障海外中国公民的安全，在党中央、国务院的统一部署下，外交部立即启动应急机制，安排撤侨计划，中央军委迅速派遣在亚丁湾附近海域执行护航任务的第十九批护航编队赶赴撤侨地点，开始实施撤侨行动。

---

　　①习近平. 全面贯彻落实总体国家安全观 开创新时代国家安全工作新局面[N]. 人民日报，2018-04-18(1).

　　②孙英. 认真践行把人民群众生命安全和身体健康放在第一位的要求[N]. 光明日报，2020-02-19(6).

此次撤侨行动，中国政府克服了当地政局错综复杂，撤离路线选项少、阻碍多，人员集结、安置、中转难度大等困难，从 3 月 29 日撤离行动开始至 4 月 6 日撤离行动结束，共接护撤离 613 名在也门中国公民。

（摘自中国新闻网 https://www.chinanews.com.cn/hr/2017/10－14/8352346.shtml）

案例剖析：也门撤侨行动，中国政府坚持以人民为中心，能够在最短的时间安排撤侨，不放弃任何一个愿意回国的中国公民，充分彰显了中国政府和中国军队的爱民亲民。中国作为负责任的大国，还协助一些外国政府或机构撤离他国的侨民，体现了高度的国际主义精神。撤侨行动果断、顺利，显示了中国人极高的办事效率和超强实际操作能力。

以人民安全为核心宗旨体现了党全心全意为人民服务的根本宗旨和价值追求。以人民安全为宗旨是将人民安全放在首位，是中国共产党全心全意为人民服务宗旨的重要体现。以人民安全为宗旨，提出和回答了"为了谁"的问题，指出国家安全一切为了人民，人民群众是国家安全的最终受益者；同时也明确了实现国家安全"依靠谁"的问题，国家安全一切依靠人民，人民是维护和实现国家安全的最强大的力量。

（二）坚持党对国家安全工作的绝对领导

★ 微视频

开创新时代国家安全工作新局面

坚持党对国家安全工作的绝对领导既是国家安全工作的需要，也是国家安全工作必须遵循的根本原则，国家安全工作因而具有极其鲜明、极其强烈的政治属性。党政军民学、东西南北中，党是领导一切的。党的领导是中国特色社会主义最本质的特征和最大优势。习近平总书记指出："坚持党对国家安全工作的领导，是做好国家安全工作的根本原则。各地区要建立健全党委统一领导的国家安全工作责任制，强化维护国家安全责任，守土有责、守土尽责。要关心和爱护国家安全干部队伍，为他们提供便利条件和政策保障。"[①]坚持党的绝对领导，是做好国家安全工作的根本原则，是维护国家安全和社会安定的根本保证。

坚持党对国家安全工作的领导，走中国特色国家安全道路，把维护国家安全的战略主动权牢牢掌握在自己手里。要准确把握国家安全形势变化的新特点、新趋势，坚持总体国家安全观，走出一条中国特色国家安全道路，使国家安全体系更加健全，国家安全法治保障更加有力，防范和抵御安全风险能力进一步加强。坚持党总揽全局、协调各方，坚决维护集中统一、高效权威的国家安全领导体制，不折不扣贯彻落实国家安全的重大战略部署。认真贯彻国家安全责任制，强化维护国家安全责任，依法行使国家安全法律法规赋予的职权，做到守土有责、守土尽责。

坚持中国共产党对国家安全工作的绝对领导，坚持集中统一、高效权威的国家安全工作领导体制。习近平总书记指出："设立国家安全委员会，加强对国家安全工作的集中统

---

①习近平. 牢固树立认真贯彻总体国家安全观 开创新形势下国家安全工作新局面[N]. 人民日报，2017-02-18(1).

一领导，已是当务之急。"①因此，党的十八大以来，以习近平同志为核心的党中央在国家安全方面作出一系列战略性布局，国家安全全面加强。其中最主要的是以"中央国家安全委员会"为标志的国家安全体制机制的健全，以"总体国家安全观"为主要内容的国家安全思想理论的创新，以《中华人民共和国国家安全法》为基准的国家安全法律体系的形成，以《国家安全战略纲要》为框架的国家安全方略谋划的完善，以"国家安全教育日"为载体的国家安全宣传教育工作的推进。在党中央的领导下，我们解决了许多长期想解决而没有解决的难题，办成了许多过去想办而没有办成的大事，牢牢掌握了维护国家安全的全局性主动。

（三）坚持在发展和改革开放中促进国家安全

中国特色社会主义进入新时代，迎来了从站起来、富起来到强起来的伟大飞跃，迎来了实现中华民族伟大复兴的光明前景。但中华民族伟大复兴绝不是轻轻松松、敲锣打鼓就能实现的。近代以来，中华民族复兴进程曾多次被打断，给我们留下了深刻警示。历史机遇稍纵即逝，风险挑战如影随形。在新征程上，还有许多"娄山关""腊子口"需要跨越，还有许多"雪山""草地"需要征服。因此，我们必须一以贯之，增强忧患意识，做到居安思危、知危图安，在发展和改革开放中促进国家安全，确保中国特色社会主义伟大航船胜利驶向光辉的彼岸。

发展是第一要务，是安全的根本保障，没有发展，就没有安全，更谈不上国家的总体安全。党的二十大报告提出"实现高质量发展是中国式现代化的本质要求"，新时代新征程，深入推进中国式现代化，必须完整、准确、全面贯彻新发展理念，促进城乡区域协调发展，加快构建新发展格局，着力推动高质量发展；党的二十大报告强调"国家安全是民族复兴的根基，社会稳定是国家强盛的前提。必须坚定不移贯彻总体国家安全观，把维护国家安全贯穿党和国家工作各方面全过程，确保国家安全和社会稳定"，以中国式现代化全面推进中华民族伟大复兴，必须倍加重视国家安全和社会稳定的全局性战略性意义；党的二十大报告提出"以新安全格局保障新发展格局"，是我们党根据我国经济社会发展所处的新阶段、国家安全面临的新形势作出的战略部署。新征程上，我们的目标既包含对人均国内生产总值迈上新的大台阶的追求，也包含对实现高水平科技自立自强、生态环境根本好转、国家安全体系和能力全面加强等的追求。因此，我们必须坚持统筹发展和安全，推动二者的深度融合，从而有效防范和应对可能影响现代化进程的系统性风险。

★微视频

坚持统筹发展和安全

在积极稳妥推进深化改革中促进国家安全。深化改革必将涉及各方面利益的重大调整，对政治安全带来深刻影响。新时代，我国改革开放向深层次发展，在进入改革开放深水区的过程中，要不断促进国家安全，为国家安全提供物质基础，同时还要进一步提高国

①中共中央党史和文献研究院.十八大以来重要文献选编（上）[M].北京：中央文献出版社，2014：506.

家安全意识，不断增强应对国家安全威胁的能力。当前，我国改革进入攻坚期、深水区，长期以来累积的旧矛盾和深化改革中出现的新矛盾相互叠加，这些矛盾如果没有及时有效化解，就会向扩大化、整体化方向演变，危害国家政权稳固和政治制度稳定。这就要求我们要进一步完善中国特色社会主义制度，全面推进依法治国，推进国家治理体系和治理能力现代化。不断增强忧患意识，高度警惕社会矛盾激化可能带来的政治风险，把促进社会公平正义、增进人民福祉作为全面深化改革、化解社会矛盾的出发点和落脚点，坚决守住维护政权稳固、政治制度和社会政治秩序稳定的底线。

(四)坚持正确的义利观

习近平总书记在十九大报告中指出："坚持正确义利观，树立共同、综合、合作、可持续的新安全观，谋求开放创新、包容互惠的发展前景，促进和而不同、兼收并蓄的文明交流，构筑尊崇自然、绿色发展的生态体系，始终做世界和平的建设者、全球发展的贡献者、国际秩序的维护者。"①这体现了中国与世界各国和平共处、互利共赢的开放战略，体现了习近平新时代中国特色社会主义思想和基本方略，体现了一个负责任大国的襟怀。

坚持正确义利观是新时期中国外交的重要指导思想。坚持正确义利观的重要思想，体现了以习近平同志为核心的党中央对中国未来国际地位和作用的战略谋划，反映了习近平新时代中国特色社会主义的内在要求，对做好新时代外交工作，尤其是处理好与周边国家和发展中国家的关系具有重要指导意义。中国人民的利益只有同各国人民共同利益相结合，在中国与世界各国良性互动、互利共赢中开拓前进，

★ 微视频

正确义利观

才能为中国的和平发展开辟更加广阔的空间，为新时代中国特色社会主义的伟大胜利营造稳定有利的外部环境。正如习近平总书记在《共同构建人类命运共同体》中所说："坚持共建共享，建设一个普遍安全的世界。世上没有绝对安全的世外桃源，一国的安全不能建立在别国的动荡之上，他国的威胁也可能成为本国的挑战。邻居出了问题，不能光想着扎好自家篱笆，而应该去帮一把。'单则易折，众则难摧。'各方应该树立共同、综合、合作、可持续的安全观。"②

正确对待和处理"义"与"利"的关系，重视道义与责任，是我国优秀传统文化的重要内容，也是我国外交的一个鲜明特色。中国坚定奉行独立自主的和平外交政策，在南南合作框架下向其他发展中国家提供了力所能及的援助，尤其在农业、基础设施、教育、医疗卫生、人力资源开发合作、清洁能源等领域的援助不断增强，这充分说明中国外交注重和维护的不是一己之利，而是国际道义和国际关系。我们坚定不移地维护和发展我国发展的利益，同时坚定不移地扩大对外开放，继续高举和平、发展、合作、共赢的旗帜，始终不渝走和平发展道路，奉行互利共赢的开放战略，坚持正确的义利观，树立共同、综合、合

---

① 习近平. 决胜全面建成小康社会 夺取新时代中国特色社会主义伟大胜利——在中国共产党第十九次全国代表大会上的报告[M]. 北京：人民出版社，2017：25.

② 习近平. 共同构建人类命运共同体[N]. 人民日报，2017-01-20(2).

作、可持续的新安全观，正如习近平总书记在十三届全国人大一次会议闭幕会上指出：
"中国将积极参与全球治理体系变革和建设，为世界贡献更多中国智慧、中国方案、中国
力量，推动建设持久和平、普遍安全、共同繁荣、开放包容、清洁美丽的世界，让人类命
运共同体建设的阳光普照世界。"

正确的义利观主张超越你失我得、非此即彼等零和博弈思维，在命运共同体的整体构
架中实现各自的利益和共同利益，实现共同发展、共同幸福，同时形成守望相助、共同发
展的道义追求。当前，世界各国利益交织愈来愈密切，各种气候变化、网络安全、反恐等
全球性利益问题日益突出，世界越来越成为命运相连的"地球村"。正确的义利观从人类已
经成为命运共同体这一伦理价值理念出发，强调了人类共同利益的重要性，主张以此来引
领国际社会的发展，体现了习近平新时代中国特色社会主义思想对当今世界形势的深刻洞
悉和科学判断，为共同应对全球性问题贡献了中国智慧，为构建和平发展、共生共赢的国
际新格局作出了重大贡献。

（五）坚持合作共赢走和平发展道路

★ 微视频

安全问题是事关人类前途命运的重大问题，中国国家安全与世界
和平稳定休戚相关。2013 年 1 月 28 日，习近平总书记主持中央政治
局第三次集体学习时指出："走和平发展道路，是我们党根据时代发展
潮流和我国根本利益作出的战略抉择。"我们坚持和平发展道路，追求

和平发展合作共赢
才是人间正道

本国利益时兼顾各国合理关切，谋求本国发展时促进各国共同发展，维护本国安全时尊重
各国安全，无论发展到什么程度，永不称霸、永不扩张。当今世界正处于大发展大变革大
调整时期，和平、发展、合作、共赢的时代潮流更加强劲，各种风险挑战更加严峻复杂。

走和平发展道路在中国有深厚的历史文化渊源和基础，体现了中国人民的真诚愿望和
不懈追求，也是中国顺应时代潮流、走向现代化的必然要求。中国和平发展的不懈追求，
是对内求发展、求和谐，对外求合作、求和平。具体而言，就是通过中国人民的艰苦奋斗
和改革创新，通过同世界各国长期友好相处、平等互利合作，让中国人民过上更好的日
子，为全人类发展进步作出应有贡献。这已经上升为中国的国家意志，转化为国家发展规
划和大政方针，落实在中国发展进程的广泛实践中。

当今世界政治、经济形势复杂多变，不稳定性、不确定性日益突出，地区热点问题此
起彼伏，非传统安全威胁持续蔓延。同时，经济全球化、社会信息化，使得各国相互联系
和相互依存关系日益加深，一个国家的问题很容易扩散到周边地区甚至全球，影响维护政
治安全的外部因素复杂多变。随着我国国家地位的提升，我们要更加敏锐地应对国际政治
环境的变化，担负起大国责任，积极做好应对各种问题的准备。要积极推动建设相互尊
重、公平正义、合作共赢的新型国际关系，与周边国家和友好国家联起手来共同打击恐怖
主义、分裂主义和极端主义，维护我国发展的重要战略机遇期。随着"一带一路"倡议的深
入推进，要积极参与全球治理体系改革，推动人类命运共同体建设，在为世界和平与发展
作出应有贡献的过程中确保我国政治安全得以有效维护。

案例5：索马里海盗

★微视频

索马里海盗

1991年索马里内战爆发后，索马里很长一段时间处于无政府状态，大批难民和生活贫困的人利用亚丁湾良好的通航条件和航道狭窄的地理条件做起了海盗，实施犯罪活动。

这些海盗拥有较为先进的武器，管理严格，训练有素，手段毒辣。2006—2009年，索马里海盗的活动十分猖獗。据2014年10月24日《环球时报》报道，2008年起，全世界有超过4 000名海员遭遇海盗劫持。2010年，近100万名海员在"现在终结海盗"祈愿书上签名。此后，包括中国在内的多个国家都在亚丁湾海域开展护航活动，联合国也出面协调，呼吁国际社会联合打击海盗问题，但索马里海盗时至今日仍是国际社会的一大隐患。

（参考环球网 https://mil.huanqiu.com/article/9CaKrnJFIY0，有删改）

案例剖析：海盗犯罪属于非传统安全的范畴，索马里海盗安全问题引发了国际社会不同国家对海外军事安全和经济安全的担忧，国际社会采取护航、颁布国际法、联合打击和审判等方法来应对这一安全隐患。

中国倡导并致力于同世界各国一道推动建设持久和平、共同繁荣的和谐世界，为维护大国形象以及在联合国安理会的承诺，派出一支有经验的护航舰队，坚决打击海盗行为，为世界和平与发展作出了贡献。

（六）坚持积极防御的国防政策

★微视频

首次构建新时代中国
防御性国防政策体系

中国坚持走和平发展的道路，坚定不移地实行积极防御的国防政策，这是由我国的政治制度和国家政策决定的。加强国防和军队现代化建设，维护国家安全统一，确保全面建设小康社会的顺利进行，是中国国防的主要任务。

中国的国防政策，就是巩固国防，抵御外敌侵略，捍卫国家领土、领空、领海主权和海洋权益，维护国家统一和安全。"明者防祸于未萌，智者图患于将来。"我们必须积极主动、未雨绸缪、见微知著、防微杜渐，下好先手棋，打好主动仗，做好应对任何形式的矛盾风险挑战的准备，做好经济上、政治上、文化上、社会上、外交上、军事上各种斗争的准备，层层负责、人人担当。坚持积极防御的国防政策，就是在战略上坚持防御、自卫和后发制人的原则。同时，在防御的过程中要争取主动、争取有利态势。

中国一向为维护世界和平、促进人类进步事业而努力，坚持永远不称霸、不做超级大国、不侵略别国的既定政策。面对现代战争的新变化，中国坚持依靠人民群众加强国防建设、增强全民国防观念，实行精干的常备军与强大的后备力量相结合的武装力量体系；坚持平战结合、军民结合、寓兵于民的方针，完善动员体制和机制、拓宽动员领域和范围，建立适应现代战争要求的国防动员体系；坚持灵活机动的战略战术、创造现代条件下适合人民群众参战的新战法，发挥人民战争的整体威力。人民解放军实施科技强军战略，加快国防科研和武器装备发展，培养高素质新型军事人才，建立科学的体制编制，发展中国特色作战理论，增强联合作战、机动作战和执行多种任务的能力。

任务三　实际操作训练

1. 以班级或小组为单位，举行一次讨论会，交流对国家安全观的认识，讨论怎样践行总体国家安全观。

2. 请剖析以下案例并分享给同学、朋友等。

案例 6：出租车司机举报

秦某是一名出租车司机。有一天，两个外籍男子上了她的车，要去郊外看名胜古迹，但他俩一路拍摄的却都是挂着禁令标牌的军事设施，直至天黑才返回，并约定第二天还要用秦某的车。秦某越想越不对劲，连夜向国家安全机关反映情况，最后两个外籍男子人赃俱获。之后秦某被国家安全机关重奖。

作为人民的一员，就应该自觉坚持国家利益至上的原则，以实际行动维护国家安全。

（摘自中华网 https://news.china.com/domesticgd/10000159/20160415/22439298_all.html? t=jl97u，有删改）

项目二

经济安全

任务一　典型案例透视

案例1：胡士泰侵犯商业秘密案

★ 微视频

胡士泰结局如何？

2009 年，澳大利亚力拓集团驻上海办事处的胡士泰等 4 名员工，在中外进出口铁矿石谈判期间，采取不正当手段，通过拉拢收买中国钢铁生产单位内部人员，刺探窃取了中国国家秘密，对中国国家经济安全和利益造成重大损害。

2010 年，上海市第一中级人民法院对被告人胡士泰等非国家工作人员受贿、侵犯商业秘密案作出一审判决，分别以非国家工作人员受贿罪、侵犯商业秘密罪，数罪并罚判处被告人胡士泰有期徒刑十年，并处没收财产和罚金人民币 100 万元。

案例剖析：在中国境内，无论是中国公民还是非中国公民，无论是国家工作人员还是非国家工作人员，只要利用非法手段侵害了中国国家利益都应当受到应有的惩罚。胡士泰等 4 名员工刺探窃取了中国国家秘密，对中国国家经济安全和利益造成重大损害，因受贿罪、侵犯商业秘密罪，数罪并罚，罪有应得。

任务二　理论知识学习

一、"谈一谈"：是什么

经济安全是指在经济全球化的总体环境下，一个国家保持其经济系统运行和国民经济发展不受外来势力的根本威胁，国家经济主权不受分割的特定状态和相应能力。

　　经济安全是国家安全体系的重要组成部分，是国家安全的基础。我国经济安全主要涵盖基本经济制度安全、经济秩序安全、经济主权安全以及经济发展安全。坚持社会主义基本经济制度不动摇，不断完善社会主义市场经济体制，坚持经济发展，提升整体经济实力，重点防控各种重大经济风险挑战，是维护经济安全的主要内容。

(一)基本经济制度安全

　　我国是社会主义国家，实行公有制为主体、多种所有制经济共同发展的基本经济制度。这一基本所有制结构和经济制度是我国社会主义性质的根本保障。国有经济、集体经济以及混合所有制经济中的国有成分和集体成分是我国国民经济的支柱，掌握着国家经济命脉，在国民经济中起主导作用。

　　国有经济的主导作用主要体现在控制力上，即控制国民经济发展方向，控制经济运行的整体态势，控制重要稀缺资源的能力；在关系国民经济命脉的重要行业和关键领域，国有经济必须占支配地位。国有资本、集体资本、非公有资本等交叉持股、相互融合的混合所有制经济，是我国社会主义初级阶段基本经济制度的重要实现形式。正因为我国实行国有经济占主导的基本经济制度，中央企业及地方国有企业成为我国的纳税大户。根据中央有关要求，从 2020 年开始，国有资本收益上缴比例应不低于 30％。继续夯实中央财政实力，更多地用于保障和改善民生。提高国企上缴红利比例，为的是体现国有企业全民所有制的性质，让国有资本能够更多地为国家财政作贡献，是我国全民所有制体现出的根本性制度优势。

　　非公有制经济是我国社会主义市场经济的重要组成部分，是我国经济社会发展的重要基础。2018 年 10 月 19 日，国务院副总理刘鹤就民营企业的重要地位作了以下表述：民营经济在整个经济体系中具有重要地位，贡献了 50％以上的税收，60％以上的 GDP，70％以上的技术创新，80％以上的城镇劳动就业，90％以上的新增就业和企业数量。2018 年 11 月 1 日，习近平主席主持召开民营企业座谈会指出，民营经济是我国经济制度的内在要素，民营企业和民营企业家是我们自己人。民营经济是社会主义市场经济发展的重要成果，是推动社会主义市场经济发展的重要力量，是推进供给侧结构性改革、推动高质量发展、建设现代化经济体系的重要主体，也是我们党长期执政、团结带领全国人民实现"两个一百年"奋斗目标和中华民族伟大复兴中国梦的重要力量。2024 年 6 月 25 日在第十四届全国人民代表大会常务委员会第十次会议上，国家发展和改革委员会副主任指出，民营经济是推进中国式现代化的生力军，是高质量发展的重要基础，是推动我国全面建成社会主义现代化强国、实现第二个百年奋斗目标的重要力量。

案例 2：新自由主义经济学的危害

　　20 世纪 70 年代，美国向拉美国家宣扬"新自由主义经济学"。拉美国家在"新自由主义经济学"影响下，开放市场，大量出口资源，进而赚取外汇，同时取消借债限制，全面引进国外资本，允许外国工业品进入国内市场，降低进口关税，收归国有的外资企业再次私营化等。

★微视频

西方经济学背后
新自由主义指导
思想的问题

拉美国家慢慢走上借债发展本国经济的道路。1979 年美联储实行美元加息政策后，美元升值，造成大量国际资本从拉美国家外流。同时，拉美国家货币贬值，通过资源出口赚取的外汇开始减少，逐渐偿还不起美元外债。1982 年，墨西哥政府无法偿还美元外债，之后这一情况又蔓延到拉美各国，造成拉美债务危机。拉美主权债务危机导致相关国家陷入"中等收入陷阱"，国民收入严重倒退，第二次世界大战以来的发展成果深受侵蚀，政治局势震荡，左翼和右翼力量交替执政的政治极化现象日趋严重。

（摘自凤凰网 https://news.ifeng.com/history/special/fazhanmoshi/200909/0909_7964_1341843.shtml，有删改）

案例剖析：新自由主义主张彻底私有化和市场化，但缺乏国家宏观调控机制，容易失去控制。我们要正确认识新自由主义思潮的本质，采取科学方法研究新自由主义思潮，这对于我们按照科学发展观和构建和谐社会的要求，推动中国经济改革朝着正确方向前进，促进中国特色社会主义市场经济又好又快的发展，具有重要的现实意义。

按劳分配为主体、多种分配方式并存的分配方式是我国基本经济制度的构成要件，对确保我国经济安全至关重要。这一分配方式既能体现我国社会主义的国家性质，又能激发创新、创业的热情，激发市场主体活力。我国个人所得税的征收实行累进税率，纳税人收入越多，税率也就越高。这种基本的个税征收方式与我国分配方式相配合，是我国构筑社会主义经济安全的重要壁垒。

（二）经济秩序安全

经济秩序安全包括生产领域秩序安全、流通领域秩序安全以及其他重点经济领域秩序安全。所谓秩序，是指一定规范下的社会运行状况。而规范是由一定法规及社会伦理道德构成的，用以约束人们行为的准则或标准。经济秩序就是指通过法律、经济伦理和行政手段建立起来的经济发展基本规则。

生产是指一切社会组织将输入转换为输出的过程，即生产要素输入生产系统内，经过生产与作业过程，转换为有形或无形产品。生产领域秩序安全就是国家保障上述有形或无形产品生产，进而使其进入流通和消费领域的状态和能力。不论是物物交换、以货币为媒介的商品交换，还是以商人为媒介的商品交换，本质上讲都是劳动产品或生产物从生产领域到消费领域的转移，这种"转移"就是流通。流通领域秩序安全指国家及社会确保有形物流通以及人与服务的流通得以顺畅、安全进行的状态和能力。

除去生产领域秩序安全、流通领域秩序安全，基础产业、土地制度、金融市场体系、财税体制、国有资产管理体制、涉外经济体制等领域的秩序安全也是经济秩序安全的重要内容。例如，金融市场体系的基本秩序安全事关国家应对"黑天鹅""灰犀牛"等金融风险的能力，这对于中国避免暴发主权货币危机具有关键作用。

（三）经济主权安全

经济主权是指每个国家对本国全部财富、自然资源以及全部经济活动都享有完整永久主权的状态。国家经济主权强调，各国对境内一切自然资源享有永久主权，各国对境内的外国投资以及跨国公司活动享有管理监督权，各国对境内的外国资产有权收归国有或征用。

在经济全球化、区域化发展潮流中，发展中国家面对的是机遇与风险并存的复杂局势。要利用机遇，就必须牢牢掌握经济主权，对各种内外经济因素实行引导、组织和管理。预防和抵御风险，必须以经济主权为屏障，采取各种切实有效措施，及时应对各种可能发生和已经发生的风险。

案例3：国际货币基金组织中的投票权

★ 微视频

美国在国际货币基金组织(IMF)2015年4月举行的春季会议上表示，美方同意增加中国和其他新兴市场国家在国际货币基金组织中的投票权，但奥巴马政府不会因此让美国在IMF的否决权面临威胁。美国拥有IMF16.7％的投票权，重大提案通过至少需要85％投票赞同，因此，美国拥有绝对的否决权。根据2010年的计划，IMF将提高新兴市场成员的投票权，这将威胁到美国的否决权。这一计划能否通过取决于美国国会批准。中国人民大学重阳金融研究院高级研究员何伟文2015年5月13日接受《环球时报》记者采访时表示，IMF的投票权和货币改革都将在2015年年底决定。美国从来都是死守自己的固有权力。IMF的改革不能靠美国"发善心"，而要靠实力说话。美国阻挠IMF改革早就在意料之中，各方已开始启动"B计划"，即欧洲国家让出一些份额，给发展中国家。目前，虽然中国占IMF的份额提升至6.394％，仅次于美国和日本，但美国仍具有对IMF事务的一票否决权。

中国在国际货币基金组织投票权将升至第三

（摘自中国侨网 http://www.chinaqw.com/hwmt/2015/04-21/46223.shtml）

案例剖析：表面上，中国的决定权提高了。但是实际上美国仍然牢牢把持着IMF的决定权。从本质上说，IMF投票权的改革，仅仅是国际金融秩序朝合理方向迈出的非常小的一步，对合理解决全球经济失衡问题的意义非常有限。因此，中国应非常谨慎地面对IMF投票权的改革，既要注重从量变到质变的积累，逐步增加在国际金融秩序中的话语权，也要清醒地认识到，在对话、协商与合作中，更重要的任务是促进国际金融秩序向公正合理的方向发展。

对于一国内部治理和经济安全来讲，克服地方保护主义是一项重点内容。地方保护主义指各地方政府运用行政权力，通过行政管制行为，限制外地各类资源进入本地市场，或限制本地的各类资源流向外地，导致地方市场分割的行政垄断行为。只有克服地方保护主义，才能人尽其才、地尽其利、物尽其用、货畅其流。举例来说，印度经济发展长期不振的一个关键原因在于，印度中央政府的集权能力非常薄弱，没有一个全国统一的税收征缴机制和税收市场，地方保护主义盛行，国内的跨邦贸易和物流都面临被不同邦政府多次重复收税的被动局面。

一国经济主权的对外方面主要指防止境外势力侵占国家所有的自然资源，防止境外势力参与国家的社会分配，防止境外势力侵占国家所有的境外资产。第二次世界大战后，发达资本主义国家借助强大的国际金融资本，通过扶植代理人，暗中突破主权壁垒，形成了颇具时代特征的新型金融殖民主义。例如，1998 年亚洲金融危机爆发后，韩国为接受国际货币基金组织提供的援助贷款，不得不接受国际货币基金组织以及美国财政部提出的条件，包括向外国开放韩国本土金融市场、允许外国人自由持有韩国本币资产、修改劳资关系法律等，侵害了韩国经济主权。

只有在牢牢掌握自己经济主权的情况下，国家才能构建起完善、严密的经济内循环体系和外循环机制，促使投资、消费、出口"三驾马车"高效运行，进而在关乎国计民生、国家强盛的基础性、战略性领域进行持久、有效的战略投资。例如，民用核聚变研究、战略性长期性的基本农田水利兴建、粮食安全保障、战略性发电产业布局等这些战略投资都是私人资本难以完成、不可承受且外国资本不可能投入其中的核心领域。唯有掌握经济主权命脉，一个国家才能在国际产业链和劳动分工中不断升级和突破。

(四)经济发展安全

金融风险以及系统性金融危机导致的全面经济危机，是一国经济发展最大的安全隐患。经济危机是指一个或多个国民经济体或整个世界经济，在一段比较长的时间内不断收缩，经济增长率长期维持在负值，导致生产不振、消费萎缩、就业停滞的局面，继而形成破坏经济复苏和增长的负循环，社会财富大量蒸发，人民生活水平明显降低，社会不稳定因素进而显著增加。

资本主义经济危机爆发是由资本主义基本矛盾，即生产社会化与资本主义生产资料私有制之间的矛盾决定的。随着中国全产业链日益融入世界经济体系，外部国家引发的经济危机开始向我国传导。2008 年美国次级抵押贷款危机爆发后，引发了发达国家以及所有新兴经济体卷入其中的世界性经济危机。北美和西欧诸国施行财政紧缩政策，西方中产阶级消费能力大幅度下降，导致在当时严重依赖外部需求的中国经济陷入困境。2008 年，中国经济增速由 2007 年的 14.23% 下挫到 9.65%，至 2009 年进一步下探到 9.4%[①]。经济危机后，巴西、俄罗斯、土耳其、南非等新兴经济体经济陷入困境，本币贬值、通胀恶化，经济衰退，社会失序。

案例 4：美国次贷危机

美国次贷危机，又称次级房贷危机或次债危机，是一场发生在美国，由次级抵押贷款机构破产、投资基金被迫关闭、股市剧烈震荡引起的金融风暴，从 2006 年春季开始逐步显现。这次危机致使全球主要金融市场出现流动性不足危机，于 2007 年 8 月开始席卷美国、欧盟和日本等世界主要金融市场。2008—2009 年，美国次贷危机继而引发了全球性金融危机及全球经济危机。2009 年全球经济危机，是过去半个世纪四次全球经济衰退中最严重的一次，只有在这次危机中，全球经济产出罕见地直接出现萎缩及负增长，深刻地影响了地区及国际的政治发展、国内变化与地缘战略格局。

(参考 360 百科 https://baike.so.com/doc/482237-510676.html，有删改)

---

① 国家统计局国内生产总值年度数据。

案例剖析：没有解决社会分配和社会总需求与社会总供给之间的矛盾，是美国次贷危机的根源。次贷危机引起美国经济及全球经济增长放缓，对中国经济的影响不容忽视，首先，最主要的是对出口的影响；其次，我国将面临经济增长趋缓和严峻就业形势的双重压力；最后，次贷危机将加大中国的汇率风险和资本市场风险。

近几年，除中国外，世界各主要经济体均陷入衰退，社会秩序震荡，民粹主义加速抬头。美国扩大实行无限量化宽松政策，向市场释放大量流动性。这种做法消耗着美元信用，侵蚀全球金融稳定，将产生持续性负面影响。

面对纷繁复杂的世界形势，防范化解经济危机风险的能力成为捍卫我国经济安全、政治安全、总体国家安全以及守卫改革开放成果的要义。防范和化解系统性金融风险以及金融危机，守住我国不发生金融危机的底线，是守护经济安全阵地的核心任务。

二、"议一议"：为什么

当前和今后一段时期，我国经济发展的显著特征就是进入新常态。由于国际经济金融风险等外部风险渗透、国际经济秩序带来的深层次挑战以及主要经济领域受到的威胁因素的存在，我国经济发展仍会面临一些问题和挑战，需要引起我们的高度重视。

（一）国际经济金融形势动荡加剧

2008年国际金融危机爆发后，国际经济金融形势更加复杂。我国经济周期性、结构性、体制性问题叠加，金融风险形势日益严峻。国内企业、政府、居民部门杠杆率快速上升，金融体系内部脱实向虚的不良倾向愈演愈烈，一些不法金融集团和违规金融活动野蛮生长。如果放任自流，将酿成系统性风险，产生颠覆性影响，严重冲击经济持续发展和国家经济安全、政治安全。

放眼世界，一些国家的崛起和衰弱往往同金融能力相关。第二次世界大战后，西方多次发生金融危机，发展中国家经常陷入热钱流入、外债高企局面，时常诱发经济衰退。20世纪拉美债务危机以及亚洲金融危机的教训更为深刻。21世纪以来，美欧为摆脱经济社会困局，扩张财政支出，放松货币供应，造成巨额债务和资产泡沫，最终酿成次贷危机与欧债危机。此后美欧采取的量化宽松政策，负面影响至今尚未完全释放，成为深刻影响我国经济安全的风险来源。

习近平总书记很早便提出要高度重视财政金融领域隐患，坚决守住不发生系统性金融风险的底线。2016年中央经济工作会议明确要求"把防控金融风险放到更加重要的位置"。2017年习近平亲自部署一系列"防风险、治乱象、补短板"的重大举措，阐明了金融领域的难点和问题，形成了我国防范化解金融风险的系统方略。

2020年以来，国家财政政策和货币政策有所宽松。利率下行一致性的预期强化后，杠杆交易和投机行为抬头。我国将在未来中长期持续面临金融领域的风险挑战，这构成对经济安全的严重威胁。

除去我国自身经济社会运行中面临的金融风险挑战，2018 年以来，以中美贸易摩擦为代表，西方对华经济霸凌主义和贸易霸凌主义也是深度影响金融安全和经济安全的因素。贸易霸凌主义是美国的惯用伎俩。美国曾对苏联、日本、欧盟等实施贸易战。1957—1995 年，美国先后对日本发起纺织品战、钢铁战、彩电战、汽车战、半导体战以及电信战。特朗普政府时期，美国取消对墨西哥、加拿大和欧盟钢铝产品的进口关税豁免。

美国对中国多次挥舞贸易霸凌主义和经济霸凌主义大棒。中华人民共和国成立初期，美国纠集西方国家对华实施贸易限制和技术封锁；20 世纪 90 年代，美国对华进行三次"特别 301 调查"；2009—2017 年，美国分别对中国轮胎、新能源政策、汇率政策、光伏产品等实施反倾销调查或加征关税。美国贸易霸凌主义的本质是霸权主义在贸易领域的延伸，贸易霸凌主义以及经济霸凌主义给全球自由贸易原则和多边贸易体制带来诸多冲击。

（二）国际经济秩序面临变革

第二次世界大战后，国际经济秩序的若干原则在新的历史条件下仍然适用，但对照新的国际关系现实，战后国际经济秩序也存在诸多不足，反映出国际经济秩序需要不断变革和完善。全球已形成一种共识，即有必要对西方主导的国际经济秩序进行变革。这种变革并不是推倒重来，而是创新完善，特别是要积极反映新兴经济体以及发展中国家要求变革、完善国际经济秩序的呼声。

当前世界经济没有完全走出金融危机的负面影响，国际上分配正义问题日益突出，国际体系内部和国家内部的两极分化现象愈发严重。上述问题主要与国际经济组织亟待改革等问题关系密切。例如，中国占国际货币基金组织投票权份额已从 3.996％升至 6.394％，仅次于美国和日本，但美国投票权份额仍为 16.5％，具有一票否决权，凸显美国在国际货币基金组织治理层面的强势地位。

针对国际经济秩序中尚需进行治理改革的重大问题，"一带一路"倡议为全球经济治理和秩序改革提出了新思路、规划了新办法。2013 年秋，习近平提出共建"一带一路"倡议，开启了世界共同繁荣发展的新征程。经过多年发展，"一带一路"成为共同的机遇之路、繁荣之路，为完善全球经济治理和经济秩序拓展了新实践，有效助力了全球经济强劲、可持续、平衡、包容性增长。

（三）主要经济领域安全存在风险

金融是现代国家的核心竞争力，守住不发生系统性金融风险的底线，是经济社会稳定发展的客观要求，更是总体国家安全观的重要组成部分。2008 年金融危机表明，金融危机并未得到有效遏制，国际金融资本时常兴风作浪，金融风险容易滋生并迅速蔓延。只有着力防范和化解系统性金融风险，才能确保国家金融主权不受侵犯、金融制度不受冲击、金融资产价格不大幅度波动、跨境资本不大规模无序流动，最终实现促进实体经济发展和保障国家金融安全的战略目标。

近些年，我国全社会杠杆率出现了较快上升，从 2008 年的约 140％上升至目前约 250％的高点。杠杆率高位运行将导致企业出现较强的还本付息压力，影响社会投资潜力，造成企业债务困境，诱发金融系统性风险。如何解决杠杆率过快上升问题，是防止发生系统性金融风险的重点。

此外，近些年地方债问题不断发酵，很有可能拖累中国经济，使财政安全问题恶化。地方债增加，表明地方政府在事权和财权的分配方面存在改革空间。地方债、城投债不断增加，恶化了地方财政安全，中央政府如果选择增加对地方的转移支付，就间接恶化了中央财政安全，危害经济安全。

潜伏的系统性金融风险，不仅会造成国家爆发经济危机，还会对国家财政安全和财力保障带来挑战。财政是整个国家经济运行的综合反映，财政安全是经济安全的关键内容。只有财政安全，金融安全、对外经济平衡、社会稳定、国计民生等任务才有强大、可靠的财力保证。

伴随中国经济告别两位数的高速增长，财政收入也开始面临新常态。受经济增长放缓、结构性减税等因素影响，中央和地方两级财政收入增速已连续多年下探，中央财政赤字率有所提高。我国财政安全面临全新考验，推动财税体制改革将成为确保财政安全的关键课题。

金融安全和财政安全只是中国经济安全面临的风险和挑战的表象，背后最核心的问题是中国国家战略产业的安全问题。只有战略产业兴旺，才能确保经济增速不至失速，国计民生有保障，才能有实力应对金融风险，夯实国家财力安全。

产业安全是指一国在对外开放条件下，具有保持民族产业持续生存、发展、升级的能力，同时始终保持本国资本对本国产业主体的控制。

产业安全是经济安全的核心，突出强调经济体自主产业的生存及发展不受威胁的状态，侧重经济体内部产业生存安全以及产业发展安全。在狭义经济安全中，金融安全、粮食安全以及贸易安全都与产业安全存在直接关系。产业安全可从以下几个方面加以理解。

(1)产业组织安全。产业组织安全是指一国或地区的产业持续增长、相关企业处于有效竞争地位的状态。

(2)产业结构安全。产业结构安全首先是产业生存安全，确保产业链完整，这是保证一国经济运转的基础性条件。安全的产业结构能够缓解极端事件或极端环境对产业健康运行的侵扰，实现趋利避害的结构状态。

(3)产业布局安全。产业布局安全是指以实现产业结构优化、提升产业竞争力、抵御内外部经济侵袭、保证产业生存与发展为目的的最优产业组合和空间分布。

从外部环境来看，2018年以来，美国对华发起贸易摩擦、技术封锁，限制华为、中兴等中国企业发展，试图挑战、危害中国战略性新兴产业安全，阻断中国产业向世界产业高附加值链条不断攀登的战略步伐。这已经成为中国产业安全面临的最大外部风险和挑战。在诸多产业领域的安全问题中，粮食安全具有基础性价值。虽然我国粮食连年增产，全国粮食总产量连续多年稳定在1.3万亿斤以上，但我国粮食安全仍面临严峻考验。

在全球产业链竞争方面，中国面临"前有虎狼，后有追兵"的紧迫形势，对经济长期维持较高增长速率带来挑战。在产业链上游，中国面对发达国家和新兴工业化国家的围堵，在中下游产业链，又有越南、墨西哥等国对中国传统产业优势的挤压。中国社会老龄化趋势的加剧，以及劳动年龄人口总数的相对下降，也将给中国经济增速带来持久挑战，维护中国经济安全任重道远。

三、"研一研"：怎么办

国家经济安全涉及的领域很多，因此经济安全面临的挑战也较多，如何维护国家经济安全是总体国家安全面临的紧迫课题。习近平总书记指出："在经济全球化深入发展的条件下，我们不可能关起门来搞建设，而是要善于统筹国内国际两个大局，利用好国际国内两个市场、两种资源。要顺应我国经济深度融入世界经济的趋势，发展更高层次的开放型经济，积极参与全球经济治理，促进国际经济秩序朝着平等公正、合作共赢的方向发展。同时，我们要坚决维护我国发展利益，积极防范各种风险，确保国家经济安全。"[①]因此，国家在"十四五"规划中提出，"确保国家经济安全。加强经济安全风险预警、防控机制和能力建设，实现重要产业、基础设施、战略资源、重大科技等关键领域安全可控"。经济安全事关一国的经济发展，因此必须全方位维护国家经济安全。

（一）综合施策，维护产业安全

制定产业安全的政策措施和健全相关制度。维护产业安全是目的，政策措施和制度是保护国内产业安全和长远发展的必要条件和手段。从维护产业利益和国家长远利益来看，制定相关政策措施和健全相关制度应主要考虑以下内容：

一是加强调查研究和借鉴国外经验的工作。维护产业安全工作是一项全新的工作，应当积极学习和借鉴国际经验。要加强对世贸组织规则和国际惯例的研究，掌握新的贸易和技术标准。加强与境外同行的学习交流，总结经验，开拓思路，创新方法，制定一整套我国产业安全工作和应对贸易保护主义的政策和措施。

二是积极开展产业损害预警工作。加强产业损害、进出口秩序预警应对工作，设立预警协调机制。贸易救济措施主管部门要指导产业、中介组织和地方主管部门对未立案的产业受损情况定期进行调查研究，积极开展预警工作，大力开发和积极运用预警资源，把产业安全工作前置化，指导行业和地方及早开展贸易救济措施工作，尽量降低或缩短产业的受损程度和时间。

三是做好受损产业的跟踪工作。加强受损产业的指导和协调，要把促进这些受损产业恢复发展工作作为保护国内产业安全工作的重中之重来抓。我们还要注意抓住国内重点产业和重点产品等产业安全工作。建立跟踪机制和统计制度，把指导行业开展产业安全的工作逐步深化。积极引导产业建立贸易救济联盟形式。联盟对企业的支持主要通过信息咨询、培训、科研支持以及贸易争端中形成合力等形式维护会员和产业利益来实现。

四是创新市场准入制度。按照国家产业政策，积极指导调整和优化产业结构工作，提高产业综合竞争能力。要在保护国内产业安全工作中建立市场准入制度和落后技术产业、

---

①习近平. 不断开拓当代中国马克思主义政治经济学新境界[N]. 求是，2020(16).

企业的退出、转优机制，防止过度重复建设。要建立一套评估指标和技术指标，促进优势产业、高新技术产业，以及有前途、有需求产品的发展。限制和不支持落后产业的进入和发展。有鉴别、有目的、有区分地保护和支持受损产业的恢复和发展。

五是建立中国的贸易保护体系。要制定适当的配套措施，与进口限制相协调，适当保护国内特定产业。对高技术产业、汽车产业、重点农产品产业等，要协调运用配额和许可证管理，加强合法保护。要制定适当的配套措施，与保留的补贴项目相协调，适当保护国内产业。我国政府保留了世界贸易组织规则允许的多项补贴项目，包括地方预算可以提供给严重亏损的国有企业补贴，一定范围的税收减免，为失业者提供就业机会的企业所得税减免，高科技企业以及贫困地区企业等所得税减免。要运用好这些规则，适当保护国内产业。

（二）全力维护金融安全稳定

金融安全稳定是国家经济安全的重要组成部分，是经济平稳健康发展的重要保障。习近平总书记指出，金融安全是国家安全的重要组成部分，是经济平稳健康发展的重要基础。维护金融安全，是关系我国经济社会发展全局的一件带有战略性、根本性的大事。金融活，经济活；金融稳，经济稳。必须充分认识金融在经济发展和社会生活中的重要地位和作用，切实把维护金融安全作为治国理政的一件大事，扎扎实实把金融工作做好。[①] 维护金融安全，不仅关乎金融自身发展，更是践行总体国家安全观的题中应有之义，是国家安全的重要基础。为此，必须切实把维护金融安全作为治国理政的大事来抓。

一是加强国家金融安全战略筹划。以总体国家安全观为指导，深入研究论证金融安全问题，积极推动国家金融安全规划战略出台落地，强化对金融安全工作的战略引领。健全定期研究金融发展战略、分析金融形势、制定金融方针政策的工作机制，提高金融安全决策水平。把金融安全保障能力建设纳入国家发展规划，统筹推进金融安全科学技术、金融安全人才培养、金融安全基础设施等大项任务。

二是提高金融风险预警监管能力。准确判断风险隐患是保障金融安全的前提。应注重运用区块链、大数据、云计算、人工智能等新技术来实现对金融风险的识别、量化、监测、预警和防范，建立金融业态风险预警评估模型和指标体系，实现信息采集、量化评估、风险预警的一体化处理，实时监测金融运行压力状况，提高金融风险预警的灵敏度和准确度。加强跨部门、跨行业监管协调与合作，形成金融发展和监管的强大合力，建设全方位、高效率的现代金融监管体系，实现金融安全的多种屏障、不同层级的隔离和防范，为维护金融安全保驾护航。

三是守住系统性金融风险底线。坚决守住不发生系统性金融风险底线，是金融体系功能正常发挥的基础，也是维护国家金融安全的本质要求。正如习近平总书记所指出的："维护金融安全，要坚持底线思维，坚持问题导向，在全面做好金融工作基础上，着力深化金融改革，加强金融监管，科学防范风险，强化安全能力建设，不断提高金融业竞争能

---

①南方日报评论员．金融安全是国家安全的重要组成部分［N］．南方日报，2017-04-28(F02)．

力、抗风险能力、可持续发展能力，坚决守住不发生系统性金融风险底线。"①要做好应对国际国内金融市场各种不利局面和极端情况的思想准备、政策准备和工作准备，处理好金融发展、金融改革与金融监管的关系，不忽视一个风险、不放过一个隐患，对潜在风险隐患应密切监测、早做预案，对已经发现的问题要及时出手、有效应对，确保金融系统稳定和可持续发展。应高度关注外部国际金融风险冲击影响，密切跟踪世界各国金融政策走向，进一步深化国际金融安全合作，在推动维护全球金融安全方面发挥更加积极的作用。

四是健全国家金融安全法律体系。应加快建立和完善市场经济条件下的金融监管制度，加强金融法治建设，健全金融法律体系，逐步形成有法可依、执法从严、违法必究的金融法治环境，完善防控系统性金融风险过程中的领导决策、联防联控、动态监管、责任追究等相关制度。针对金融安全新情况、新问题，修改完善银行业监督管理、金融违法行为处罚等方面的法律法规，使之符合金融安全新形势、新要求。加强金融安全宣传教育，提高全体国民金融安全法律意识，构筑维护金融安全的人民防线。

（三）确保我国粮食安全

保障粮食安全是中国的永恒课题，任何时候都不能松懈。粮食不是一般的商品，而是战略物资，甚至是政治手段。习近平总书记指出："保障国家粮食安全的根本在耕地，耕地是粮食生产的命根子。农民可以非农化，但耕地不能非农化。如果耕地都非农化了，我们赖以吃饭的家底就没有了。"②保护好"耕地红线"，守住"谷物基本自给、口粮绝对安全"底线，任何时候都应该是我们"三农"工作的重中之重。

一是建立严格的耕地保护制度，保证耕地数量和质量。习近平总书记曾经严肃地指出："十八亿亩耕地红线仍然必须坚守，同时还要提出现有耕地面积必须保持基本稳定。极而言之，保护耕地要像保护文物那样来做，甚至要像保护大熊猫那样来做。坚守十八亿亩耕地红线，大家立了军令状，必须做到，没有一点点讨价还价的余地！"③因此，作为一个人、地关系极度紧张的人口大国，中国要保证国家粮食安全必须做到以下几点：首先，为确保粮食安全，必须执行最严格的耕地保护政策。其次，立足国内，实现基本自给自足的目标，守住"十八亿亩耕地"的红线。最后，建立和完善严格的土地管理制度，坚持节约用地，坚持和完善最严格的强化耕地保护制度。

二是加强农田改造和科技支撑力度，提高农业综合生产能力。首先，加强农田改造，提高农田田力。据统计，我国现有耕地中有三分之二是中低产田，并且随着经济社会的发展，耕地出现积累性、滞后性、不可逆转性的土壤污染，肥力下降，作物产能下降。其次，加大农田基础设施建设力度，增强农田水利建设抵御自然灾害和抗风险的能力。最后，加大科技创新投入，提高农业科技贡献率，推进建立以政府为主导的多元化、多渠道

①习近平. 金融活经济活金融稳经济稳 做好金融工作维护金融安全[N]. 人民日报. 2017-04-27(1).
②习近平. 在中央农村工作会议上的讲话[M]. 十八大以来重要文献选编(上). 北京：中央文献出版社，2014：662.
③习近平. 在中央农村工作会议上的讲话[M]. 十八大以来重要文献选编(上). 北京：中央文献出版社，2014：662-663.

农业科研投入机制。

三是做好粮食保障体系建设，完善粮食市场体系的培育和管理。《中华人民共和国国家安全法》第二十二条指出："国家健全粮食安全保障体系，保护和提高粮食综合生产能力，完善粮食储备制度、流通体系和市场调控机制，健全粮食安全预警制度，保障粮食供给和质量安全。"粮食储备是国家进行宏观调控的重要手段，要根据粮食的供应情况确定各级粮食储备的合理规模，按照有关要求和规定，做好储备粮的管理工作，确保国家在需要时，能够调得动、用得上。

四是实施政策支持战略，保护农民种粮的积极性。农民问题是"三农"问题之本，粮食安全归根到底取决于农民的生产积极性。因此，要保证粮食安全，就要保护农民的种粮积极性，就要保持粮食惠农补贴政策的连续性和稳定性，同时随着国力的增强，要进一步加大补贴金额，提高粮农收入，这是实现我国粮食安全问题的关键所在，可使粮食生产和贸易都能够获得较多的财政收益。

（四）加强国际经济安全合作

国际经济合作与交流使不同国家间进行广泛的合作与协调，有力地推动了世界经济的发展，并加强了各国之间的经济联系。国际经济合作打破了以往以商品贸易为主的国际经济交往格局，不仅为国际经济联系增加了新的内容和方式，还使国际贸易的发展出现了新的动向，具有了新的特征，为本国的资本输出与全球资源的分配提供更优选择。

一是从战略角度提升国际经济合作，以长期获取经济、政治、外交、军事等利益。建立广泛的区域一体化协作网络，在平等、开放、相互尊重、考虑彼此利益的基础上协调发展。通过推进"一带一路"共建，加强国际经济合作，坚持共商共建共享，遵循市场原则和国际通行规则，发挥企业主体作用，推动基础设施互联互通，加强国际产能合作，拓展第三方市场合作，推动对外投资合作健康有序发展。

二是促进贸易和投资自由化便利化。坚定维护经济全球化和自由贸易，积极参与世贸组织改革。加快构建高标准自贸区网络，推进区域全面经济伙伴关系协定、中日韩自贸区、中欧投资协定谈判，继续推动中美经贸磋商。坚持秉持互利合作、共赢发展的原则，坚持并主张通过平等协商解决贸易争端。

三是坚定不移扩大改革开放。中国作为全球产业链不可或缺的重要组成部分，要积极倡导多边主义，发展全球自由贸易和投资，反对单边主义，反对贸易保护主义，要展现出更高的效率、更好的服务、更优的营商环境，继续促进国际经贸合作。同时，要坚定不移扩大改革开放，放宽市场准入，持续优化营商环境，积极扩大进口，扩大对外投资，为世界经济稳定作出贡献。

任务三　实际操作训练

1. 谈一谈经济大国威胁我国经济安全的具体表现及其防范措施。

2．请剖析以下案例并分享给同学、朋友等。

案例 5：滨海新区爆炸事故

★ 微视频

滨海新区爆炸事故

2015 年 8 月 12 日 23：30 左右，位于天津市滨海新区天津港的瑞海公司危险品仓库发生火灾爆炸事故，造成 165 人遇难、8 人失踪、798 人受伤，304 幢建筑物、12 428 辆商品汽车、7 533 个集装箱受损。

截至 2015 年 12 月 10 日，依据《企业职工伤亡事故经济损失统计标准》等标准和规定统计，事故已核定的直接经济损失达 68.66 亿元。经国务院调查组认定，"8·12"天津滨海新区爆炸事故是一起特别重大生产安全责任事故。

2016 年 11 月 7 日至 9 日，"8·12"天津滨海新区爆炸事故所涉 27 件刑事案件一审分别由天津市第二中级人民法院和 9 家基层法院公开开庭进行了审理，并于 9 日对上述案件涉及的被告单位及 24 名直接责任人员和 25 名相关职务犯罪被告人进行了公开宣判。宣判后，各案被告人均表示认罪、悔罪。

天津交通运输委员会主任武岱等 25 名国家机关工作人员分别被以玩忽职守罪或滥用职权罪判处三年到七年不等的有期徒刑，其中李志刚等 8 人同时犯受贿罪，予以数罪并罚。

（摘自 360 百科 https://baike.so.com/doc/10878842－11404593.html，有删改）

项目三

文化安全

任务一　典型案例透视

案例1：《人民日报》重新刊发《〈福州古厝〉序》

★微视频

《人民日报》重新
刊发《福州古厝序》

2019年6月8日，是我国"文化和自然遗产日"。当天的《人民日报》重新刊发了习近平17年前所作的《〈福州古厝〉序》。在这篇序中，时任福建省省长的习近平同志，以深邃的思考、生动的笔触，深刻揭示了戚公祠、马尾昭忠祠、林文忠祠、开元寺等古建筑的丰富文化内涵，指出："保护好古建筑、保护好文物就是保存历史，保存城市的文脉，保存历史文化名城无形的优良传统"；"发展经济是领导者的重要责任，保护好古建筑，保护好传统街区，保护好文物，保护好名城，同样也是领导者的重要责任"。这些重要论述对于提高人民群众对文化遗产重要性的认识，增强全社会文化遗产保护意识，正确处理好经济发展和生态、人文环境保护等的关系必将产生深远影响。

（摘自新华网 http://www.xinhuanet.com/comments/2019-06/08/c_1124597263.html，有删改）

案例剖析："夫源远者流长，根深者枝茂。"华夏文明博大精深、源远流长，那些散布在全国各地的城市、乡村的古代建筑、历史文物，是老祖宗留给我们的文化遗产，凝结着古人的智慧与情感，承载着中华民族传统文化生生不息、赓续不绝的厚重基因。它们是历史的见证、文明的标志，是我们共同的精神家园，也是我们民族的根和魂。

保护文化遗产，我们义不容辞。文化遗产为我们今天弘扬华夏文明、繁荣中华文化提供丰厚滋养。保护文化遗产，就是守护我们共有的精神家园。我们要增强自觉自信，擦亮文化瑰宝，切实保护好这些宝贵遗产，让它们在新时代绽放新光彩。

保护文化遗产，我们责无旁贷。千百年来，文化遗产历经岁月更迭，穿越烽火硝烟流传至今，本身就是一代代中华儿女珍视、守护、传承的结果，每一代人有每一代人的使命。今天的我们，要有这样的自觉与担当，传承文化根脉，共筑民族未来，让珍贵遗产完整地留传后世。

保护文化遗产，我们要有时不我待的紧迫感。古建筑、文物、历史遗迹，特点之一是不能再造，毁掉一个少一个。由于历史等原因，一些文物古迹年久失修、损毁严重；有的古迹在城市开发建设中，甚至面临被蚕食、侵占、毁掉的威胁。

因此，在文化遗产保护上，我们既要有共识，更要有行动；既要有时不我待的紧迫，更要有行之有效的举措；既要在发展中处理好古和今的关系，更要在保护的同时做好修复、利用，让"老古董"焕发新活力。我们要更加深刻领悟到党和国家对保护文化遗产的高度重视和战略远见，更加深刻认识到保护好古建筑、保护好文物的重要性。这对于传承文明、增强文化自信，动员全社会共同参与、关注和保护文化遗产，必将产生深远影响。

任务二　理论知识学习

一、"谈一谈"：是什么

文化安全是指一国文化相对处于没有危险和不受内外威胁的状态，以及保障持续安全状态的能力。

文化安全问题由来已久，早在人类文明的轴心时代，孔子、柏拉图等先贤哲人在不同社会环境下已提出同性质的文化安全问题，并形成以"仁"治天下和"理想国"等理论模式，两者都具有深刻的文化安全思想。近代以来，伴随地理大发现和西方的殖民征服，文化侵略和扩张现象屡见不鲜，文化殖民及其所带来的安全问题逐渐显现，东西方世界的文化矛盾、民族差异和帝国内部问题等冲突日趋激烈，并导致诸多局部战争与两次世界大战。冷战结束后，随着全球化进程的不断推进，以文化安全为主的非传统安全理论应运而生。文明冲突理论、软实力理论、现代文化意识形态理论接踵而至，阐明未来国际冲突的根源是文化的而非意识形态的和经济的，文化的冲突将成为世界和平的最大威胁。当前，以美国为首的强势文化依然对弱势文化构成文化霸权主义威胁，而维护和增进本国的文化利益仍是当代主权国家维护文化主权和文化独立地位的主要任务之一。

（一）国家文化主权

维护文化主权关键在于确保文化安全。主权是一个国家所拥有的独立自主地处理其内外事务的最高权力，"主权问题是不能谈判的"[①]。文化主权，主要是指以文化为主体的国家权力，是国家整体主权的重要组成部分。国家文化主权包括捍卫国家的文化立法权、文化管理权、文化选择权和文化交往权等方面的独立性和自主性。从我国文化安全来看，其内容主要包括独立自主地选择文化发展道路与政策，防止文化"全盘西化"，保障我国文化

---

①邓小平．邓小平文选：第3卷[M]．北京：人民出版社，1993：85．

权益和推动文化发展。随着全球化日渐深入，世界文化呈现出多元、开放的状态，文化的交流交融愈来愈多；同时，文化的交锋冲突也愈演愈烈。因此，我们在借鉴有益文化的基础上，一定要捍卫国家文化主权。文化主权和尊严不受侵犯，文化传统和选择应得到尊重。

　　文化安全是国家安全的深层次内容，是社会制度、国家政权得以建立和维护的重要基础。我们要牢固树立马克思主义文化观，其为无产阶级政党认识和从事文化建设提供了科学指南。中国共产党基于对马克思主义文化观的继承和发展，进一步创造性地提出了毛泽东思想、邓小平理论、"三个代表"重要思想、科学发展观和习近平新时代中国特色社会主义思想，这些重要思想为我们提供了认识世界、发现问题和解决问题的最重要的思想文化资源，也是实现中国特色社会主义建设、"两个一百年"奋斗目标和实现中华民族伟大复兴的最重要的文化财富。

案例2：日本"笔部队"

★ 微视频

日本"笔部队"

　　20世纪30年代，跟随侵华日军进入中国的有一支特殊部队。他们大多不扛枪，而是拿着笔杆子为日本军国主义摇旗呐喊，向中国实施文化渗透，他们被日本人称作"笔部队"。在这些人的笔下，侵华战争是一件非常"酷""浪漫""非同一般的感受"的事情。诸如《从军感激谱》《战场风流谈》之类美化侵略的文章四处传播，颠倒黑白，扰乱视听。而这支"笔部队"的另一个任务，就是对中国人进行文化侵略。在他们的努力下，各种各样胡说八道的文章堂而皇之进入了沦陷区的课本和宣传册。日本人在洗脑教育上也是不遗余力。以汪伪政权的宣传为例，各种各样的奇谈怪论，诸如"戚继光打的倭寇不是日本人，都是中国海盗""日中战争爆发都是因为中国进行了抗日教育""日本人天生比中国人优等，所以中国人必须无条件服从"之类，在抗战时期大量进入中国文化领域。与此同时，日本方面还极力抹杀诸如岳飞、张骞等能够体现中华民族精神的历史名人，禁播许多戏曲，取而代之的是给日本侵华战争涂脂抹粉的东西，妄想使中国人成为日本人的奴隶。随着第二次世界大战日本战败，"笔部队"和侵华日军一起，成了可耻的战败者。

（摘自搜狐网 https://www.sohu.com/a/478530685_121106902，有删改）

　　案例剖析：日本并没有因为战败而停止文化侵略。在整个战后几十年里，日本不仅用各种方式对当年的侵略战争进行美化，而且还出现了"反战败文学"，根本不愿承认自己过去的罪行。而且在文化多元的今天，西方敌对势力一直把我国的发展壮大视为对西方价值观和制度模式的威胁，仍利用一切手段进行全方位的文化渗透，大力宣扬资产阶级的世界观、人生观和价值观，推行"西方中心论"，加强文化输出，恶意制造"中国威胁论"。

　　在西方文化渗透下，我们切不可没有念好马克思主义的"真经"，就被"西经"迷惑，切不可"以洋为尊、以洋为美、唯洋是从"。我们应该进一步保障文化权益和推动文化发展，以更大的力度、更实的措施加快建设社会主义文化强国，培育和践行社会主义核心价值观。

（二）中华优秀传统文化、革命文化、社会主义先进文化安全

文化安全包括中华优秀传统文化、革命文化、社会主义先进文化（简称"三种文化"）的安全。中华优秀传统文化，是中华民族在漫长历史长河中淘洗出来的智慧结晶，已经成为中华民族的文化基因，植根在中国人内心深处，潜移默化地影响着人们的思维方式和行为方式。革命文化，是中国共产党领导中国人民在伟大斗争中构建的文化，它以马克思主义为指导，以"革命"为精神内核和价值取向，展现了中国人民顽强不屈、坚韧不拔的民族气节和英雄气概。革命文化既是中华民族革命斗争历史的高度文化凝集，也是中国精神在革命年代的主要表现形式，寄托着各族人民对美好生活的向往。社会主义先进文化，是指以马克思主义为指导，以培养有理想、有道德、有文化、有纪律的"四有"公民为目标的面向现代化、面向世界、面向未来的，民族的、科学的、大众的具有中国特色的社会主义文化，代表着时代进步潮流和发展要求。"三种文化"不能相互割裂，更不能固化、僵化，而是内在关联和相互贯通的统一体。后者是前者的赓续传承、创造转化和创新发展，共同体现着中华民族一脉相承的精神追求、精神特质、精神脉络，统一于中国特色社会主义事业的伟大历史进程。

具体而言，文化安全包括国家先进文化特性得到保持、民族文化价值得到尊重、优秀文化遗产得到保护以及文化传统得到传承等诸多内容。文化安全也可以分为语言文字安全、风俗习惯安全和文化遗产安全等。语言文字是人类最重要的一种交际工具，也是一个国家和民族特定的历史标记和文化结晶，是建构国家、维系社会和凝聚人心最重要和最稳定的文化要素。从文化安全角度来看，语言文字安全是指一个国家使用自己的固有语言与文字的权利不受外部因素特别是外部强权的威胁和侵害。相较于政治文化、经济文化，语言文字作为一个国家更为持久和稳定的符号，在整个文化系统中的影响力更大。中华文明之所以能够绵延五千年而没有中断和消亡，一个重要原因正是汉语言文字的优势。在全球化时代，伴随着经济发展和互联网的冲击，弱势语言文字正面临着强势文化的冲击，我国诸多广场、大街甚至小区出现过多的"洋地名"等现象，正是危害国家语言文字安全的外在表现形式，语言学界和相关机构都应该采取积极有效的措施，保护我国民族语言文字安全。

风俗习惯是一个集体或民族共有的风尚、信仰、礼节和习性等的总和，是特定社会文化区域内历代人们共同遵守的行为模式或规范，主要包括民族风俗、节日习俗、传统礼仪等。风俗习惯具有相对稳定性和文化特殊性，为特定民族和人群的生产生活提供了物质便利和精神寄托，增加了文化的亲和力与向心力，是一个国家在和平时期安全稳定的重要社会基础。所以，当一国的风俗习惯受到外力的威胁和破坏，特别是敌对势力或国家作为侵略者试图改变被侵略国家的风俗习惯时，必然会受到广大人民的抵抗。我国历史悠久，文化浓厚，传统习俗中有浓重的节庆文化，如春节、清明节、中秋节等传统节日，在中国大地乃至世界华人聚集的地方，都可以看到传统的民俗文化活动。因此，对积极、优秀和先进的风俗习惯进行保持和延续，对文化安全以及总体国家安全而言至关重要。

文化遗产是历史留给人类的宝贵财富，按存在形态可以分为物质文化遗产（有形文化遗产）和非物质文化遗产（无形文化遗产）。物质文化遗产是具有历史、艺术和科学价值的

文物，根据《保护世界文化和自然遗产公约》，主要包括历史文物、历史建筑、人类文化遗址。我国 1985 年正式加入《世界遗产公约》，截至 2023 年 9 月，我国已成功申报世界遗产 57 项。其中，文化遗产 39 项，包括甘肃敦煌莫高窟、周口店北京人遗址、陕西秦始皇陵及兵马俑坑等；自然遗产 14 项，有武陵源、九寨沟、黄龙、云南三江并流、四川大熊猫栖息地等；自然与文化双遗产 4 项，具体是泰山、黄山、峨眉山和武夷山。我国世界遗产总数、自然遗产和自然与文化双遗产数量均居世界第一，是近年全球世界遗产数量增长最快的国家之一。

2003 年 10 月，联合国教科文组织第 32 届大会上通过了《保护非物质文化遗产公约》，旨在保护以传统、口头表述、节庆礼仪、手工技能、音乐、舞蹈等为代表的非物质文化遗产。根据联合国教科文组织的定义，非物质文化遗产是指来自某一文化社区的全部创作，这些创作以传统为根据，由某一群体或一些个体所表达，并被认为是符合社区期望的、作为其文化和社会特性的表达形式，其准则和价值通过模仿或其他方式口头相传。它包括各种类型的民族传统和民间知识，各种语言，口头文学，风俗习惯，民族民间的音乐、舞蹈、礼仪、手工艺、传统医学、建筑技术以及其他艺术。截至 2018 年 5 月 11 日，随着所罗门群岛的加入，《保护非物质文化遗产公约》已有 178 个缔约国，我国在 2004 年 8 月加入该公约。

我国是历史悠久的文明古国，创造了丰富多彩、弥足珍贵的文化遗产，其蕴含着中华民族特有的精神价值、思维方式、想象力，体现着中华民族的生命力和创造力，是各民族智慧的结晶，也是全人类文明的瑰宝。文化遗产是不可再生的珍贵资源，是连接民族情感的纽带，是增进民族团结和维护国家统一及社会稳定的重要文化基础，也是维护世界文化多样性和创造性，促进人类共同发展的前提。随着经济全球化和现代化进程的加快，我国的文化生态正在发生巨大变化，文化遗产及其生存环境受到严重威胁。例如，不少历史文化名城、古建筑、古遗址及风景名胜区整体风貌遭到破坏；文物非法交易、盗窃和盗掘古遗址古墓葬以及走私文物的违法犯罪活动在一些地区还没有得到有效遏制，大量珍贵文物流失境外；由于过度开发和不合理利用，许多重要文化遗产消亡或失传；在文化遗存相对丰富的少数民族聚居地区，由于人们生活环境和条件的变迁，民族或区域文化特色消失速度不断加快。为此，2006 年起，国务院将每年六月的第二个星期六定为中国文化遗产日。党的二十大报告指出，"加大文物和文化遗产保护力度，加强城乡建设中历史文化保护传承"。保护文化遗产，是我国文化安全的重要内容，是建设社会主义先进文化，贯彻落实科学发展观和构建社会主义和谐社会的必然要求。

（三）文化价值观安全

文化价值观安全是文化安全的关键内容。文化价值观是一个民族赖以维系的精神纽带，是一个国家共同的思想道德基础，主要表现在文化认同和文化自信上。文化认同从本质上讲就是价值认同，是人们在一个民族共同体中长期共同生活所形成的对本民族最有意义的事物的肯定性认同。中华优秀传统文化、革命文化和社会主义先进文化共同构成了中国特色社会主义文化建设的内容体系，是支撑中华民族生存、发展的精神支柱，是各族人民共同拥有和不断增强的中华文化认同感、归属感和自信心的源泉。对中国特色社会主义道路的探索过程就是对中国特色社会主义文化认同的过程，对中华文化普通而广泛的认同，就是对"三大文化"的认同。我们应夯实国家文化软实力根基，充分展现中华文化的影响力、凝聚力和感召力，增进文化认同。

文化自信，是一个国家、一个民族、一个政党对自身文化价值的充分肯定和积极践行，是对自身文化生命力的坚定信念。我国拥有悠久的历史传统和深厚的文化资源，已经具备了相对雄厚的物质基础，广大人民群众对文化的需求快速增长，文化的发展面临着难得的机遇。在此情况下，应当准确认识我国文化发展的历史与现状，增强文化自觉、坚定文化自信，更好地把握文化发展的规律，以主动担当的精神加快文化发展步伐，在传承中华优秀传统文化的基础上发展社会主义先进文化，加快建设社会主义文化强国，提升文化安全。

文化认同和文化自信是文化安全建设中的两个重大命题，文化认同是民族认同、国家认同最深层的基础，是一个国家综合国力中最重要的"软实力"。文化自信事关文化安全，事关国运兴衰，事关民族精神的独立性。文化认同是基础，文化自信是本质。文化认同增强文化自信，使文化自信更有底气；文化自信增进文化认同，使文化认同更具方向。两者统一于文化的自觉与自强，统一于文化安全建设和实践的全过程和各方面。

文化是维系一个国家、一个民族团结和稳定的重要基础，是一个国家综合国力"软实力"的根基。文化的繁荣、强盛不仅可以形成巨大的民族凝聚力和文化认同感，而且所形成的坚固屏障还可以增强文化安全，保持自身完整的文化传统和民族特性，使其免遭其他文化的侵蚀和破坏。文化是国家和民族的灵魂，文化安全是国家安全体系的重要保障，是我国建设社会主义文化强国的重要基础，是国家安全的关键精神保证，与政治安全、经济安全、社会安全等其他重点领域安全密切相关。新形势下，国家应深入贯彻总体国家安全观，对我国当前存在的文化安全问题进行评估，对文化安全面临的主要威胁与挑战进行研判，以切实维护文化安全。

二、"议一议"：为什么

在全球化背景下，世界各种思想、文化都在全方位地和我们的思想、文化发生交流，有的融合，有的则产生冲突。由于国内外等多种因素，当前中国处于严重的文化不安全状态，面临严峻而复杂的威胁与挑战。

（一）核心价值观安全面临缺失的严峻问题

我国经济社会处在转型时期，维护核心价值观安全工作难度加大。随着经济体制深刻变革、社会结构深刻变动、利益格局深刻调整，转型过程中社会阶层出现分化，社会矛盾开始凸显，思想领域杂音噪声有所增加，各种错误观点时有出现，一些腐朽落后文化沉渣泛起，社会主义主流核心价值观念受到冲击，对维护文化安全造成一定影响。

核心价值观在一定社会的文化中起"中轴作用"，是一个国家的"重要稳定器"。每一个时代、每一个国家都有自己的价值观念，在这个时代、这个国家所有的价值观念中起支配作用的就是核心价值观。中国古人对核心价值观的地位有着深刻认识，他们把礼义廉耻看作"国之四维"，即维系国家安全的四种至关重要的力量。进入 21 世纪，面对世界范围内各种思想文化的相互碰撞，面对市场经济发展给人们思想观念和生活方式带来的严重冲击，旧的主宰人们精神定向和行为取向的价值标准已经逐渐被打破，而新的价值标准还没有完全建立起来。社会价值取向和评价标准趋向于功利化、世俗化和多元化，给社会主义核心价值体系带来了极大挑战。爱国主义、集体主义和艰苦奋斗等主流价值观受到质疑和冲击，当前文化中流行的讥讽主流价值、颠覆传统道德、戏谑民族英雄的论调，严重影响了青少年的价值观。

一方面，我国经济快速发展，人民生活不断改善；另一方面，我国在文化发展和文化生活领域出现了核心价值观缺失的严峻问题。与此同时，西方国家有针对性地挑战我们的核心价值观和基本价值观：利用"民运分子"宣扬西方的价值观；利用宗教势力分化我国的政治、文化；利用传媒输出低俗、色情、凶杀等文化产品以改变年轻人的价值观；通过让中国加入它们设计的各种秩序、规则来迫使我们就范；等等。主流价值观念弱化所导致的价值认同危机，已经成为损害中华民族凝聚力、危害国家文化安全的深层次隐患。

案例3：邪教"全能神"杀人案

2014 年 5 月 28 日，山东招远一家麦当劳餐厅，邪教"全能神"又犯下了一桩血案。该案 6 名犯罪嫌疑人有 3 名为青少年。

18 岁的主犯张帆，使用拖把、椅子等殴打被害人，并对前来制止的顾客进行恐吓。可以看出，当时这个小姑娘是如何漠视生命、嚣张跋扈！

而参与这次故意杀人案的还有年仅 13 岁的少年张航，他们成为全能神"当砍之杀之"的忠诚履行者。在绚烂奔放的季节里，张航等人却在邪教"全能神"的蛊惑下，步入歧途。

这些心智尚未完全成熟的青少年，被邪教"全能神"的歪理邪说灌输控制，抛弃家庭，视邪为善，视"常人"为"邪灵"，最终参与了杀人的恶性事件。

（摘自搜狐网 https://www.sohu.com/a/139304187_777218，有删改）

案例剖析：当今社会上出现的种种问题与核心价值观的缺失有着密切关联，这方面的问题如果得不到有效解决，改革开放和社会主义现代化建设就难以顺利推进。为此，就要"加快构建充分反映中国特色、民族特性、时代特征的价值体系，努力抢占价值体系的制高点"，大力培育、弘扬、践行社会主义核心价值观。

（二）传统文化安全面临的威胁与挑战

在信息时代快速发展的今天，中国的传统文化安全面临着空前的挑战。中国近现代发展中存在着巨大的"文化断层"，中国的和平发展战略及其实施，也在客观上造成了中国传统文化安全的"结构困境"。传统文化发展面临的这种困境，为发展和稳定国家安全的根本基础（即民族认同和政治认同）造成了巨大障碍。

中国传统文化安全的"结构困境"。作为新兴大国，中国坚持的和平发展道路，与世界上其他大国的崛起模式完全不同。这一发展战略的制定和实施，是改革开放以来中国几代领导人为了克服中国在发展过程中所面临的巨大矛盾而逐步形成的。这些矛盾主要体现在三个方面：第一，有限的"硬实力"和在全球范围内迅速发展的国家利益的矛盾；第二，作为新兴大国，中国的迅速发展必然会和以美国为首的发达国家发生利益碰撞；第三，苏联解体后，所有危及政治稳定和持续发展的关键问题，基本属于中国内部事务，如"三股势力"、贫富分化、深化改革、政治参与、民主发展等。为了解决这些矛盾和问题，中国坚持和平发展，采取了同以前其他大国的崛起模式完全不同的发展道路。

中国传统文化面临西方国际秩序的"围城"。世界历史上的大国，如英国、德国、日本、美国以至苏联的崛起，其必要条件之一，是在世界范围内发动大规模战争，实施"全球作战"以显示其军事力量。因此，它们的崛起过程，是以武力为基础的向外扩张的过程，也是挑战当时世界秩序的过程。中国历来反对军事扩张，主张和平共处。改革开放以来，快速发展的中国并不挑战现有的、由以美国为首的西方国家建立并领导的国际秩序，而是积极参与其中，与世界接轨，维护和平，确保发展。事实证明，通过融入而不是挑战现行世界体系而获得和平发展的道路是成功的。但是，这也在客观上造成了中国在文化安全上的结构困境：一方面，中国在话语权、价值观、意识形态和政治体制的合法性等重大问题上，都必须在别人构建的世界体系中受到评判；另一方面，由于中国融入了别人的体系，因而在客观上为西方文化理念、价值观和意识形态在中国的传播打开了大门。其结果是中华优秀传统文化在国际社会中始终面临着来自文化理念和价值观的巨大挑战。

针对中国共产党和中国的历史，西方掀起一股历史虚无主义思潮。这股思潮策动于西方，在我国思想文化界反复出现、持续多年、流毒至今。在资产阶级自由化思潮泛滥成灾之时，它曾赤膊上阵。此后，它又变换策略，以学术面孔"重写"历史，以创作为名"恶搞"历史，以披露"秘闻"抹黑历史。它全盘否定社会主义和新民主主义，进而以清算"激进主义"为名否定五四运动、辛亥革命等一切革命。这些欺世之谈，目的就是攻击中国共产党、诋毁社会主义。

（三）来自外部的严峻的文化安全的挑战

在当前全球化浪潮的背景下，中国面对的文化安全问题必然更加突出。事物的发展是内因与外因综合作用的结果。其中，主流文化价值体系面临来自外部的侵蚀、破坏或颠覆的严重威胁。

在全球化背景下，世界各国不同文化类型之间的相互交流、冲突、渗透及融合，构成了生机勃勃的国际文化发展图景，为中国发展面向现代化、面向世界、面向未来的，以及民族的、科学的、大众的社会主义文化提供了良好的条件。但是，在不同文化的交互作用过程中，也有个别奉行霸权主义和强权政治的西方国家为了达到经济和政治上的目的，不断推行"文化殖民"政策，形成了日益严重的"文化帝国主义"倾向，严重地威胁我国文化安全。它们在世界其他国家和地区传播本国的文化价值观念和生活方式，以损害本土文化为手段，图谋在新的历史条件下以新的方式延续和强化帝国主义和霸权主义对全世界的控制。作为发展中国家的中国，由于在文化、意识形态、社会制度、国家利益等诸多方面与西方发达国家存在着较为明显的分歧，自然而然地成为某些霸权主义国家进行文化渗透和文化颠覆的主要目标之一。这就决定了中国在 21 世纪必然面临来自外部的严峻的文化安全的挑战。

在信息技术迅猛发展的条件下，网络霸权与双重标准滥用，民粹主义与"颜色革命"结盟，威胁我国文化安全。信息技术正在迅猛发展，互联网已融入社会生产、生活，为国家发展和安全提供了新的广阔前景及科技手段，也带来了新的时代挑战。我国已成为网络大国，网民数量世界第一，但还不是网络强国，亟须加强自主创新，扩大人均带宽。同时，互联网传播信息快捷海量，各种虚假有害信息泛滥，诈骗牟利、破坏社会稳定、危害国家安全，各种腐朽思想也广泛传播，败坏社会风气、腐蚀人们灵魂，成为文化安全的严重隐患。因此，我们迫切需要加强网络监管，维护网络安全，建设健康向上的网络文化，保护和发展人民群众的根本利益。网络信息跨国界流动，控制着核心技术的美国利用网络霸权监听全球，侵害各国人民权益，践踏各国网络主权，却指责别国特别是指责我国加强网络管理的法规建设。这种"双重标准"暴露了其利用互联网煽动民粹主义，制造"颜色革命"，对我国进行"西化""分化"的真实意图。

此外，我国文化建设领域中的内部问题也不容忽视。我国文化建设的薄弱与不足，是造成思想文化领域缺乏对抗外来威胁"内应力"的根本原因。当前，我国文化建设中存在的突出问题是马克思主义指导下的文化创新不够，与满足人民群众日益增长的精神文化需要的要求还有一定距离。针对社会主义文化的外来威胁，正是通过以上这些内部因素起作用的。

(四)语言文字安全面临外来文化的挑战

古人说，欲亡其国，必亡其文。历史上由文化灭失而灭国、灭族的例子数不胜数。改变一个民族的语言文字，对一个民族和国家的人民来说是比掠夺他们一些土地和粮食更为痛苦的事情，必然触及其心灵深处。

在整个文化中，相对于经济文化、政治文化、价值观念、意识形态等来说，语言文字是一个国家更为持久和稳定的标志和符号。在历史发展过程中，文化的许多方面都可能被不断更新和改变，甚至被完全抛弃和重新选择，但是语言文字却是难以完全更新和改变的，是难以完全抛弃和重新选择的。如果一个国家的语言文字被改变了，那么这个国家的文化也就被彻底改变了，这个国家也就名存实亡了。中华文明之所以能够延续五千年而没有中断和消亡，其中一个重要的原因和标志就是汉语和汉字从来没有中断和消亡。从历史上看，一个国家兴衰存亡，常常伴随着其语言文字的兴衰存亡。由于中国在唐代的兴盛，中国的语言特别是文字对许多国家和地区产生了广泛深刻的影响，也使得汉语言、汉文字、汉文学兴旺发达起来。由于英国在近代的兴盛和美国在当代的强大，英语这一本来只在西方部分民族中使用的语言文字，现在几乎成了世界性的语言和文字。相反，一个国家的衰落和灭亡，也常常伴随着其语言文字的衰落和灭亡。

其实，不仅战争期间存在着他国语言文字对本国语言文字安全的威胁和侵害问题，在和平时期的国际交往与交流中，也存在着语言文字的安全问题。当代世界，西方发达国家不仅在经济、军事、政治等方面凭借着其明显优势占据着世界霸主地位，有意无意间对发展中国家采取霸权立场和态度，而且在文化领域也对发展中国家采取霸权立场和态度，从而形成了人们常说的文化霸权和文化帝国主义现象，以及包括生活话语霸权、学术话语霸权在内的话语霸权现象，直接或间接地侵蚀着欠发达国家的语言文字，影响甚至威胁和危害着发展中国家的语言文字安全。对此，我们必须高度重视。

三、"研一研"：怎么办

面对复杂多样的威胁与挑战，传统的理念与方法已越来越难以有效地维护文化安全和国家安全。新形势下，维护我国文化安全，必须顺应时代前进的大潮，必须服从我国发展的大局，尊重文化与经济、政治相互交融的新特点。维护文化安全工作将是一项关系全局、利在长远的战略工程。具体而言，维护文化安全，需要做到以下几方面：

（一）加强文化认同教育

加强文化认同教育，培养高度的文化自觉、文化自信和文化自强。文化自觉是一个民族、一个政党在文化上的觉悟和觉醒，包括对文化在历史进步中地位作用的深刻认识，对文化发展规律的正确把握，对发展文化历史责任的主动担当。文化自信是一个国家、一个民族、一个政党对自身文化价值的充分肯定，对自身文化生命力的坚定信念。文化自强是指一个国家具有强大的文化力量，这种力量不仅表现为具有高度文化素养的国民，而且表现为发达的文化产业、强大的文化软实力。加强文化认同教育，必须立足于中华优秀传统文化、革命文化和社会主义先进文化，这是中华民族的精神命脉，是涵养社会主义核心价值观的重要源泉，也是我国在世界文化激荡中站稳脚跟和不断发展的坚实根基。我们必须以高度自觉的态度，善于从中华民族传统美德中汲取道德滋养，从英雄人物和时代楷模的身上感受道德风范，从自身内省中提升道德修为。中华民族素有文化自信的气度，在历史长河中，中华民族创造了博大精深的中华文化，正是因为对其持有自信心与自豪感，才能够"以古人之规矩，开自己之生面"，实现中华文化的创新性发展，构建起独具特色的中华文明。

培养高度的文化自觉、文化自信，最终目的是实现文化自强。维护文化安全，建设社会主义文化强国，必须大力发展文化事业和文化产业。发展文化事业，要在政府主导下进一步加强文化基础设施建设，完善公共文化服务体系，让人民群众享有免费或优惠的基本公共文化服务，提升国民素养。发展文化产业，要按照全面协调可持续的要求，完善文化管理体制和相关政策，创新生产经营机制，健全文化产业的市场体系，激发全民族的文化创造活力，进而推动文化产业跨越式发展，使其成为国民经济的支柱产业。维护文化安全，建设社会主义文化强国，还必须提高国家文化软实力。文化软实力集中体现着一个民族、一个国家所具有的凝聚力和生命力，以及由此产生的传播力和吸引力。提高国家文化软实力，首先要弘扬中华文化并推动其创新发展，夯实国家文化根基；其次要塑造国家文化形象，增强中国在国际社会中的话语权；最后要加强中国价值观念的提炼、阐释和传播，提高中华文化与价值观念的全球认同度。维护文化安全，要以马克思主义为指导，坚持社会主义制度，坚守中华文化立场，坚定文化自觉、文化自信，增强文化认同，建设社会主义文化强国。

（二）坚持中国共产党对文化的领导，培育和践行社会主义核心价值观

中国共产党从成立之日起，就自觉举起了马克思主义的思想旗帜，明确了领导文化建设的前进方向。百年来的历史证明，我们要坚持正确的政治方向，站稳政治立场，旗帜鲜明、毫不动摇地坚持马克思主义指导地位，牢牢掌握文化安全工作的领导权。马克思主义是立党立国的根本的指导思想，要与时俱进地坚持和发展马克思主义。要坚持正确的舆论导向，舆论是影响社会发展的重要力量，坚定贯彻党的理论和路线方针政策，坚定落实中央重大工作部署，坚定认同中央关于形势的重大分析研判，坚决同党中央保持高度一致，坚决维护党中央权威。

具体而言，应该坚决克服一味迎合市场的低俗化现象，坚持正确舆论，弘扬正能量、提升主旋律，多宣传报道人民群众中涌现出来的先进典型和感人事迹，丰富人民精神世界，增强人民精神力量，满足人民精神需求；提高新闻媒体的舆论传播力、引导力、影响力、公信力，积极占领舆论主阵地。习近平指出，要巩固和拓展红色地带（主流媒体和社会正能量），勇于进入黑色地带（负面言论和敌对舆论），逐步推动其改变颜色，对灰色地带（介于红色地带和黑色地带之间），要大规模开展工作，加快使其转变为红色地带，防止其向黑色地带转变。①

培育和践行社会主义核心价值观。社会主义核心价值观是社会主义核心价值体系的高度凝练和集中表达。社会主义核心价值体系由马克思主义指导思想、中国特色社会主义共同理想、以爱国主义为核心的民族精神和以改革创新为核心的时代精神、社会主义荣辱观四个方面内容构成。社会主义核心价值观的基本内容涉及国家、社会、公民三个层面的价值要求，包含富强、民主、文明、和谐，自由、平等、公正、法治，爱国、敬业、诚信、友善。培育和践行社会主义核心价值观要注重宣传教育、示范引领和开展实践活动相结合，并提高各级党委和政府的重视程度，把社会主义核心价值观融入国民教育全过程，用社会主义核心价值观引领社会文化，建立网络宣传阵地，广泛开展实践活动，进而推动我国社会主义文化的繁荣兴盛，增强我国文化安全。

（三）加强文化遗产的保护与利用

党的二十大报告指出，"加大文物和文化遗产保护力度，加强城乡建设中历史文化保护传承"。在文化遗产保护上，应切实加强文物保护利用和文化遗产保护传承，保存文化基因延续的历史文脉，坚持创造性转化、创新性发展，构建以人民为中心的文物事业发展

---

①中共中央党史和文献研究院. 习近平关于总体国家安全观论述摘编[M]. 北京：中央文献出版社，2018：104.

方略；处理好城市改造开发和历史文化遗产保护利用的关系，在保护中发展，在发展中保护，彰显城市历史文化特色。

努力走出一条符合国情的文化遗产保护利用之路，通过举办国际非物质文化遗产节，让全世界看到中国在保护非物质文化遗产上的决心和努力。例如，2007 年在成都举办的首届国际非物质文化遗产节，围绕的主题是"传承民族文化，沟通人类文明，共建和谐世界"，让中华文化展现出魅力和时代风采，也在保护人类文化多样性上发挥了很大作用。保护、传承和利用好文化遗产，维护文化安全，助力实现中华民族伟大复兴，是新时代广大文物工作者的历史使命与责任。

（四）防范和抵制不良文化影响，推进文化安全防线建设

我国应始终坚持和巩固马克思主义在意识形态领域的指导地位，不断提高建设社会主义先进文化的能力，在坚持包容开放文化交流的同时，防范和抵制不良文化、"泛娱乐化"的影响和侵蚀。我们应该自觉抵制拜金主义、享乐主义和奢靡文化，提升自我境界，端正道德思想，时刻保持清醒，慎独慎微，坚定立场、明确方向，不能被社会浮躁之风，奢靡和享乐的腐败风气所影响。

具体而言，应该牢牢把握正确舆论导向，健全社会舆情引导机制，传播正能量。依法加强文化阵地规范管理，提升维护文化安全工作法治化水平，坚持主管主办制度，落实谁主管谁负责和属地管理制度。加强互联网思想文化阵地建设，实施网络内容建设工程，加强网络舆论监督管理工作。净化网络环境，整治网络低俗文化和谄媚文化，防范和抵御不良文化影响，构筑维护文化安全的阵地防线。

（五）营造文化安全的国际环境

首先，坚持文化开放战略，提高中华文化的国际影响力。创新文化"走出去"模式，以包容开放的态度广泛参与世界文明的对话。努力构建多途径的对外文化交流活动，建立健全文化贸易综合服务平台，加强文化产品国际化的价值重塑与升级。例如，以孔子学院为平台，推进国际汉语教育，提高汉语国际地位和中国的国际话语权，增进国际社会对我国的基本国情、价值观念、发展道路和内外政策等的正确认识，防范部分境外媒体对我国的歪曲和抹黑。

其次，积极主动加强国际文化合作。人类漫长的历史早已证明，文明应该是多彩的、平等的、包容的，文明因交流互鉴而丰富。文明交流互鉴是推动人类文明进步和世界和平发展的重要动力。加强人文交往是各国人民的共同愿望，符合各国共同利益。我国政府应建立和完善多种形式的文化交流机制，将官方交流与民间交流相结合，充分发挥企业和非政府组织在对外交流中的作用，支持海外华人华侨开展中华文化宣传交流，面向国外青年学子建立文化交流机制。

任务三　实际操作训练

1. 分组讨论：如何维护国家的文化安全？
2. 请剖析以下案例并分享给同学、朋友等。

案例4：包玉祥携带政治性有害出版物入境案

2014年12月13日，呼伦贝尔市旅游局党组成员、副局长包玉祥持因公往来港澳通行证经首都国际机场旅检大厅入境时，海关工作人员在其行李内查获政治性有害出版物23册。

后通报称，包玉祥同志身为党员领导干部，自我约束意识不强，纪律意识淡薄，携带大量境外政治性有害出版物入境，其行为严重违反了相关规定，严重违反了党的政治纪律和政治规矩。根据有关规定，呼伦贝尔市纪委于2015年9月给予其党内警告处分。

（摘自深圳盐田纪委 http://www.ytjw.gov.cn/read/read5Action_view.action? obj. id＝201710171153221000，有删改）

项目四

社会安全

任务一 典型案例透视

案例1：中国的"平安密码"

安全，是一个执政党向人民的庄严承诺，也是一个国家给予人民最好的礼物。据报道，2017年，中国是全球命案发案率最低的国家之一，严重暴力犯罪案件比2012年下降51.8％，人民群众对社会治安满意度上升到95.55％。让民众享有一个安全稳定的生存生活环境，是中国治国理政的重要目标。改革开放以来，中国在经历快速城市化和经济社会结构转型过程中，以一种"低投入—高稳定"模式，用较低成本保障了社会和谐稳定。虽然中国警力配备数字远低于世界水平，用于维护公共安全和社会稳定的支出与其他国家相比，占国民生产总值比例很低，但中国并没有像世界多数国家那样受到高犯罪率困扰。有评论文章指出，中国的"平安密码"，就是中国制度的优势、中国人民的力量、中国特色社会主义社会治理的科学高效；有专家表示，科技强警、理念创新、坚持群众路线，是我国社会治安综合治理的法宝。

★ 微视频

国字密码

（参考中国网 http://news.china.com.cn/2018-01/24/content_50287203.htm，有删改）

案例剖析：中国在社会治安方面的努力有目共睹，一直致力于发挥总揽全局、协调各方的领导优势，确立"全国一盘棋"的工作格局，建立联防、联治、联调、联管的社会治安防控体系；将高科技成果如"天网"、无人机、大数据平台等运用到警务工作中；动员群众共同参与，涌现出了以"西城大妈""朝阳群众"为代表的基层治理力量；等等。独行快，众行远。在办好自己事情的同时，中国也在认真履行国际责任，积极参与并倡导国际执法合作和全球安全治理。截至2017年9月，中国已与113个国家建立了密切的执法合作关系，搭建了129个双多边合作机制和96条联络热线，同60多个国家的内政、警察部门签署各类合作文件近400份。

一个平安的中国，正充满活力和自信，坚定地行走在决胜全面建成小康社会征程上。

一个平安的中国，也给世界带来希望与启示。来自中国的"安全感"，不仅是中国自身发展的有力保障，更是维护地区乃至世界和平稳定的坚定力量。

任务二　理论知识学习

一、"谈一谈"：是什么

社会安全即社会公共安全，是指针对社会事件的安全措施、对策、知识等的总和。从广义上讲，社会安全是指社会有序的运行状态，它强调协调的社会群体结构和有序的社会状态的统一。从狭义上讲，它包括对违法犯罪、突发事件和灾害(人为灾害和自然灾害)的有效控制。

社会安全是国家安全的重要内容，关系到每个社会成员的切身利益，也事关国家经济发展和社会稳定。"十四五"规划和 2035 年远景目标，强调必须统筹发展和安全，包括防范和化解影响我国现代化进程的各种风险，筑牢国家安全屏障；加强国家安全体系和能力建设，确保国家经济安全，保障人民生命安全，维护社会稳定和安全。党的二十大报告指出，以新安全格局保障新发展格局。

在新时代，要适应社会主要矛盾的新变化，进一步解决"不平衡不充分的发展"的新要求。而党和国家工作的基本准则，就要紧密依据人民生活需要的重大变化，更好满足人民在经济、政治、文化、社会、生态等方面日益增长的需要。在社会生活领域，要进一步维护社会公平正义，增强包括人身、财产安全在内的多方面安全感，不断增强生活中的获得感、幸福感、安全感。维护和保障社会安全，被纳入国家顶层设计，置于治国理政的重要位置。社会安全既是中国特色国家安全道路的保障，又是国家安全体系的重要组成部分。

(一)社会治安

近年来，在习近平关于平安中国建设的一系列重要批示指示精神的指引下，各地各部门砥砺奋进、攻坚克难，深入推进社会治安防控体系建设，不断提升人民群众的安全感。如今，居家更安心、出行更放心、生活更舒心，"平安中国"已经成为一张亮丽的国家名片。但是，新时代社会治安工作仍面临着新的威胁与挑战，具体包括暴力性、侵财性犯罪，网络犯罪，毒品犯罪，有组织犯罪等。

暴力性、侵财性犯罪，主要是指犯罪人以非法占有公私财物为目的，实施的对社会治安秩序构成严重影响的盗窃、诈骗、抢劫和拐卖人口等犯罪行为。改革开放以来，伴随我国经济的迅速发展，暴力性、侵财性犯罪日益增多，其中尤以盗窃和诈骗最多。根据 2020 年《中国统计年鉴》，截至 2019 年底，全国公安机关立案的刑事案件数为 4 862 443 件，其中盗窃案 2 258 236 件(46.44%)、诈骗案 1 433 831 件(29.49%)、抢劫案 17 106 件

（0.35％）、拐卖妇女儿童案 4 571 件（0.09％）。

网络犯罪是伴随互联网的普及衍生出的危及社会安全的新型犯罪，其实质是传统犯罪披上"网络"外衣，借助互联网滋生蔓延。近年来，检察机关办理网络犯罪案件以年均近40％的速度攀升，2020 年达到了 54％。在所有网络犯罪中，网络诈骗、网络赌博（包括开设赌场罪和赌博罪）高位运行，成为当前主要形式。与此同时，网络犯罪手段不断更新，网上网下、境内境外、虚拟现实相互结合。2021 年 1 月 26 日，根据光明网的报道，网络黑灰产的发展，打通了电信、网络、支付结算、社交软件等不同业态之间的壁垒，犯罪的危害性更大。根据不完全统计，当前网络诈骗手法多达 6 大类 300 多种，而且还在不断"推陈出新"。

毒品犯罪包括走私、贩卖、运输、制造毒品罪，非法持有毒品罪，以及包庇毒品犯罪分子罪等。近年，随着交通运输、物流产业和网络信息媒体的飞速发展，毒品犯罪形态演变呈现多样化、复杂化，境内和境外毒品问题、传统和新型毒品危害、网上和网下毒品犯罪相互交织。毒品犯罪案件总量总在高位徘徊，全国毒情形势依然严峻。2024 年国家禁毒办发布的《2023 年中国毒情形势报告》（以下简称《报告》）显示，2023 年，全国共破获毒品犯罪案件 4.2 万起，抓获犯罪嫌疑人 6.5 万名，缴获各类毒品 25.9 吨，同比分别上升12.6％、21％和 18％。《报告》显示，尽管该年度中国毒品滥用形势继续好转，但滥用人数规模依然较大，吸毒活动隐蔽性增强，新型毒品增多，治理巩固难度加大。毒品犯罪破坏着社会风气，吸毒导致的犯罪、疾病等严重危害公民的人身安全与身心健康。

随着经济社会的快速发展，我国有组织犯罪的形势愈加严峻、手段愈加隐蔽、危害愈加深远，给市场经济的发展和社会秩序的稳定带来了前所未有的挑战。2020 年 12 月 22日，《反有组织犯罪法（草案）》首次提请全国人大常委会审议。《反有组织犯罪法（草案）》规定了有组织犯罪的概念，将其限定为组织、领导、参加黑社会性质组织犯罪，以及由黑社会性质组织、境外黑社会性质组织、恶势力组织实施的犯罪。恶势力组织，是指经常纠集在一起，以暴力、威胁或者其他手段，多次实施违法犯罪活动，为非作恶，欺压群众，但尚未形成黑社会性质组织的违法犯罪组织。有组织犯罪的社会危害性范围和程度远远大于一般犯罪，其犹如附着在社会肌体上的毒瘤，严重影响经济社会发展和人民群众生活。

案例 2：上海浦东国际机场爆炸案

2016 年 6 月 12 日 15 时左右，上海浦东机场 T2 航站楼发生一起爆竹燃爆事件，有人员在事件中受轻伤，受伤人员很快被送医救治。

★ 微视频

浦东国际机场
爆炸案一审宣判

经查，犯罪嫌疑人周某，男，29 岁，2006 年高中毕业后先后到广东珠海、中山等地打工，2014 年初开始到江苏昆山某电子企业打工，暂住企业员工宿舍。

其间，周某因沉溺于网上赌博，输光积蓄，入不敷出，平时靠向朋友借钱度日。案发前，周某曾在微信群中留言"欠了很多人的钱"，"准备去干一件疯狂至极的事情，丢小命是一定的"。

2016 年 6 月 12 日 7 时 34 分，周某从江苏昆山出发，乘坐长途车前往上海，到上海市青浦地区后换乘公交车到达浦东机场。14时26分许，周某在浦东机场T2航站楼国际出发C岛值机柜台处实施犯罪行为。

2017年2月，上海浦东国际机场爆炸案宣判：判处被告人周某有期徒刑8年。

（摘自央广网 http://news.cnr.cn/native/gd/20160613/t20160613_522389164.shtml，有删改）

案例剖析：周某的行为具有严重的社会危害性，本案爆炸地点为上海浦东机场2号候机楼，国内外旅客人流密集。在此实施爆炸，对公共安全造成严重威胁，并造成了恶劣影响。本案也提醒我们，要加强公民公共安全、文明遵纪守法教育，增强预防犯罪能力建设。

（二）社会突发公共事件

社会突发公共事件，是指突然发生，造成或者可能造成重大人员伤亡、财产损失、生态环境破坏和严重社会危害，危及公共安全的紧急事件。2006年，国务院颁布并实施《国家突发公共事件总体应急预案》（以下简称《总体预案》），其目的在于提高政府保障公共安全和处置突发公共事件的能力，最大限度地预防和减少突发公共事件及其造成的损害，保障公众的生命财产安全，维护国家安全和社会稳定，促进经济社会全面、协调、可持续发展。根据《总体预案》，突发公共事件主要分为四类：自然灾害、事故灾难、公共卫生事件、社会安全事件。按照各类突发公共事件的性质、严重程度、可控性和影响范围等因素，《总体预案》将其分为四级：Ⅰ级（特别重大）、Ⅱ级（重大）、Ⅲ级（较大）和Ⅳ级（一般）。

自然灾害，指给人类生存带来危害或损害人类生活环境的自然现象，主要包括水旱灾害、气象灾害、地震灾害、地质灾害、海洋灾害、生物灾害和森林草原火灾等。据国家防灾减灾救灾委员会办公室发布的2024年上半年全国自然灾害基本情况统计，全国自然灾害以洪涝、地质灾害、干旱、风雹、低温冷冻和雪灾为主，地震、台风、沙尘暴和森林草原火灾等也有不同程度发生。各种自然灾害共造成全国3 238.1万人次受灾，322人死亡或失踪，85.6万人次紧急转移安置；2.3万余间房屋倒塌，27.9万间房屋损坏；农作物受灾面积3 172.1千公顷；直接经济损失931.6亿元。自然灾害是人类过去、现在、将来所面对的最严峻的挑战之一，严重影响着人们的生命财产，威胁着人类生存与繁衍。

事故灾难主要包括工矿商贸等企业的各类安全事故、交通运输事故、公共设施和设备事故、环境污染和生态破坏事件等。事故灾难是威胁社会公民生命安全的重要因素，全国范围内，每年、每月甚至每天都有安全事件发生。《中华人民共和国2023年国民经济和社会发展统计公报》数据显示，全年各类生产安全事故共死亡21 242人。工矿商贸企业就业人员每10万人生产安全事故死亡人数1.244人，比上年上升4.2%；煤矿百万吨死亡人数0.094人，上升23.7%。道路交通事故万车死亡人数1.38人，下降5.5%。事故灾难仍是威胁人民群众生命财产安全的重大事件。从可控因素来看，事故灾难与自然灾害不同：自然灾害具有不确定性，而事故灾难可通过提高安全意识、规范生产操作流程、稳定生产环境和加强安全管理等措施予以防范。

公共卫生事件主要包括传染病疫情、群体性不明原因疾病、食品安全和职业危害、动物疫情，以及其他严重影响公众健康和生命安全的事件。重大疾病是威胁公民生命安全的重要因素，随着人类生存环境的变化，越来越多的传染性疾病威胁到公民生命安全。国家疾病预防控制局统计数据显示，2024 年 5 月(2024 年 5 月 1 日 0 时至 5 月 31 日 24 时)，全国(不含香港、澳门特别行政区和台湾地区，下同)共报告法定传染病 1 227 286 例，死亡 2 084 人。其中，甲类传染病无发病、死亡病例报告。乙类传染病中传染性非典型肺炎、脊髓灰质炎、人感染高致病性禽流感、白喉和人感染 H7N9 禽流感无发病、死亡报告。报告发病数居前 5 位的病种依次为病毒性肝炎、百日咳、肺结核、梅毒及猩红热，占乙类传染病报告病例总数的 93.8%。同期，丙类传染病共报告发病 803 034 例，死亡 4 人。报告发病数居前 3 位的病种依次为流行性感冒、手足口病和其他感染性腹泻病，占丙类传染病报告病例总数的 98.3%。

案例 3：新冠疫情防控与经济社会可持续发展

★ 微视频

新冠疫情是新中国成立以来在我国发生的传播速度最快、感染范围最广、防控难度最大的一次重大突发公共卫生事件，对我国经济发展带来了前所未有的冲击。2020 年一季度，国内生产总值同比下降 6.8%，这是我国经济自 1992 年以来第一次出现季度性萎缩，其中固定资产投资、进出口总额、第三产业增加值这三项指标分别同比下降 16.1%、6.4%、5.2%。中国人民在中国共产党的坚强领导下，勠力同心，在较短的时间内取得了新冠肺炎疫情防控的阶段性胜利。在疫情得到有效控制的情况下，党中央迅速作出战略部署，推动经济社会发展。这样在疫情防控不放松的情况下，中国在世界上率先实现了复工复产。从 2020 年 3 月份开始，月度宏观经济数据呈现逐月向好态势，二、三季度国内生产总值分别同比增长 3.2%、4.9%，前三季度同比增长 0.7%，扭转了上半年下降局面，第一、二、三产业增加值分别增长 2.3%、0.9%、0.4%，全部为正值，2020 年，中国是全球为数不多保持经济较快增长的国家。

指挥统筹打好疫情防控和经济社会发展之战

(摘自新浪网 http://k.sina.com.cn/article_6824573189_196c6b90502000yyav.html)

案例剖析：新冠疫情给全国人民上了一堂深刻而难忘的课程，尤其在应对重大突发性公共卫生事件、建立公共卫生应急管理体系、维护国家安全方面引发了诸多思考。一是"五位一体"是有机整体，经济建设是根本，政治建设是保证，文化建设是灵魂，社会建设是条件，生态文明建设是基础。我们应当更加坚定制度自信、道路自信，在此基础上，放平心态、冷静看待，把疫情暴露出来的短板把握准、问题分析透、根源挖掘深，进一步完善疫情防控体制机制和国家公共卫生应急管理体系。二是政府展现了强有力的资源要素调配能力，统筹调控防控用品需求端和生产供应端，让经济体系与疫情防控实现了有效衔接。三是本次疫情进一步拖累了原本处于下行压力下的中国经济，但某种意义上促进了制造业的智慧化、远程化、协同化，进一步推动了新零售新商业新商务发展。四是疫情防控已经进入常态化，应统筹疫情防控与经济社会秩序恢复，综合施策尽最大努力把延误的时间抢补回来。

我国一边抓疫情防控，一边抓经济发展，实现了公共卫生安全与经济社会发展的统筹协调，有效维护了国家安全，保障了人们生活的幸福安宁，充分彰显了社会主义制度的无比优越性。

社会安全事件是一个比较广义的概念，是指由人为因素引起的，具有目的性的，对公众生命财产安全造成危害的重大社会案件，主要包括恐怖袭击事件、经济安全事件、涉外突发事件、群体性事件等。恐怖袭击事件是恐怖组织或个人使用暴力或其他破坏手段，制造的危害社会稳定、危及公民个体或群体生命财产安全的一切形式活动。在全球恐怖主义猖獗和国际国内形势变化的大背景下，恐怖袭击也严重威胁我国公民生命财产安全。经济安全事件是与经济发展伴生的现象。近年来，经济安全事件呈高发态势，网络传销、非法集资、内幕交易等涉众型经济犯罪时有发生，如"银行卡被盗刷""血汗钱投入非法集资和传销致使血本无归"等，严重影响着社会正常秩序。此外，伴随我国综合实力的增强、国际化程度不断加深、外国来华人员不断增加及我国在海外影响力日益提高，涉外突发事件也成为我国社会安全事件的一类。而群体性事件则是由人民内部矛盾引发，通过非法大规模聚集对社会秩序和社会稳定造成重大负面影响的群体活动或事件。参与人员或发生语言、肢体冲突，或表达诉求与主张，或发泄不满、制造影响。

案例4：警惕！正在吞噬生命的蓝鲸游戏！

游戏能杀人？听起来十分荒诞可笑，但这是真实存在的事情，并且已经有上百名青少年为此丧命。

蓝鲸游戏，是一个源于俄罗斯死亡游戏，游戏的参与者在10～14岁，完全顺从游戏组织者的摆布与威胁，凡是参与的没有人能够活下来，已经有130名俄罗斯青少年因此自杀，而且这个游戏还在向世界扩张。

蓝鲸游戏，因煽动多名青少年自杀而引起关注。这款游戏的发源地是俄罗斯最大的社交网站，当一位想参与的年轻人在社交网站上发布特定的标签或者参与特定的群组后，会有活动的组织者与之联系，要求参与者完成列表上的所有项目。这些项目简单的有一天不和任何人说话，逐渐发展到自残，最后诱导参与者自杀。

（摘自 https://www.sohu.com/a/147650039_99891894，有删改）

案例剖析：蓝鲸游戏利用了青少年的好奇心，并通过心理诱导，一步步摧毁他们本就脆弱的意志，最终诱导他们走向自杀，以此来满足诱导者的变态心理。蓝鲸游戏反映出目前教育中存在的不足，学校、家庭和社会应加强生命教育和心理健康辅导，让青少年感悟到生命的有限性、唯一性，从而思考个体生命的存在价值，并在人生实践中得以实现。在打击非法游戏的同时，社会各方还应从根本上筑牢生命之篱。

（三）社会舆情

在互联网时代，社会舆论引导和舆情管理至关重要。互联网普及以前，舆论多通过报纸、广播、电视等新闻传播工具广泛传播，唤起人们对某一社会问题的注意，影响人们的思想和行动。但因为传播力度相对有限，信息难以在同一时间到达各个地区，不能形成广泛影响。而互联网普及以后，再小的事，只要触动了社会情绪，也会被互联网无限放大，引发全民讨论，形成热点舆情。若任由网络舆情发展，将极有可能导致社会秩序紊乱，引发公众心里的不安和恐慌情绪，对公众的三观和行为产生影响。网络传播中的一些特有效应也会使社会矛盾在虚拟世界里放大，加剧社会公众对政府的不满，削弱对政府的认同感，降低政府的公信力。习近平强调："做好网上舆论工作是一项长期任务，要创新改进网上宣传，运用网络传播规律，弘扬主旋律，激发正能量，大力培育和践行社会主义核心价值观，把握好网上舆论引导的时、度、效，使网络空间清朗起来。"[①]

二、"议一议"：为什么

做好国家安全工作，首先要了解我国重点领域面临的安全挑战。改革开放以来，党中央高度重视正确处理改革、发展和稳定的关系，始终把维护国家安全和社会安定作为党和国家的一项基础性工作，现如今已取得显著成效，人民生活水平和质量迅速提高。但同时，改革进入攻坚期和深水区，社会矛盾多发，社会安全形势比较严峻，特别是各种威胁和挑战联动效应明显。

(一)社会群体性事件时常发生

群体性事件是由各种社会矛盾引发的、特定群体或者不特定多数人聚合起来表达情绪、提出诉求、要求解决特定问题，影响社会秩序、社会稳定和社会安全的事件。其中包括由人民内部矛盾导致的官民矛盾、商民矛盾和劳资矛盾等，表现为语言冲突、肢体冲突和打砸行为造成的人身伤害和财产损失等，影响着社会秩序、社会稳定和社会安全。例如，2012 年 7 月，因环境问题引起的"江苏启东事件"，数千名启东市民为抵制日本王子纸业集团在当地修建排污设施，集结于市政府附近道路和门前广场，举行游行示威，后出现民众掀翻汽车、冲进大楼和损毁政府办公设施的暴力行为。强征强拆问题则是以开发商和政府为一方的征地拆迁主体和以房屋所有人、土地承包人为另一方的被拆迁者间的矛盾，影响社会的安全与稳定。

(二)社会治安问题和新型违法犯罪增多

目前，我国处于刑事犯罪的敏感期，涉及杀人、放火、爆炸、投毒等的暴力刑事犯罪影响着社会治安，极易引发公众恐慌。例如，2013 年 6 月 7 日发生在厦门的公交纵火案，是一起特别严重的个人极端暴力案件，最终导致 47 人死亡(包括 8 名高考考生)、34 人受伤，其作案手段残忍，犯罪后果非常严重。此外，黄赌毒等社会问题依然存在，这些丑恶

---

①中共中央党史和文献研究院．习近平关于总体国家安全观论述摘编[M]．北京：中央文献出版社，2018：110．

现象毒化社会风气，影响恶劣。同时，新型违法犯罪方式日益增多。伴随计算机和互联网的发展普及，截至 2023 年 12 月，我国网络用户已达 10.92 亿人，互联网普及率达 77.5%。互联网为社会生活带来便利的同时，也使传统违法犯罪加速向网络蔓延，对社会治理和社会安全提出了新挑战。例如，网络上的黄赌毒、金融诈骗、窃取公民个人信息等新型网络犯罪不断滋生，使社会安全问题明显增多。

（三）暴力恐怖活动事件时有发生

恐怖主义是通过暴力、破坏、恐吓等手段，故意制造社会冲突、危害公共安全、侵犯人身财产，或者胁迫国家机关、国际组织，实现其政治、意识形态等目的的主张和行为。受境外势力渗透及境内宗教极端活动影响，暴力恐怖活动直接侵害公民的人身和财产安全，破坏社会稳定。

案例 5：暴力恐怖袭击案

2015 年 9 月 18 日凌晨 5 时许，一伙暴徒袭击了新疆阿克苏地区拜城县海拔 2 600 多米一山区偏远煤矿，并设伏袭击前往处置的民警，造成 11 名各族群众死亡、18 人受伤，3 名民警、2 名协警牺牲，暴徒逃窜深山负隅顽抗。

自治区立即组织公安、武警和当地各族干部群众在 1 300 多平方公里山区范围内开展围捕。当地各族群众提供线索，每天上万名各族群众参与围堵搜捕。其间，经过数次围歼战斗，击毙部分暴徒。1 名暴徒投降自首，11 月 12 日剩余暴徒被全部击毙。

经查明，这是一起境外极端组织直接指挥，以木沙·托乎尼亚孜、买买提·艾沙为首的暴力恐怖团伙实施的暴力恐怖袭击案件。

2008 年开始，该团伙一些成员收听收看宗教极端音视频，逐步形成宗教极端思想。案发前该团伙先后 6 次与境外极端组织成员勾连，逃窜期间又 3 次报告作案过程和逃跑经历，请求给予"战术"指导。境外极端组织成员多次向该团伙下达行动指令，要求宣誓效忠。

（摘自搜狐网 https://www.sohu.com/a/43029536_114954，有删改）

案例剖析：恐怖主义是全人类公敌，严重影响着社会的安全和稳定。中国政府分别加入了联合国和国际民航组织通过的反恐怖主义公约。中国政府一贯反对和谴责一切形式的恐怖主义，反对以恐怖主义手段进行政治斗争。

（四）境外敌对势力的渗透、破坏日益严重

随着我国改革开放进程的不断推进，以美国为首的西方敌对势力将文化作为工具，对我国恶意进行渗透和破坏。他们利用"谎言重复一千遍就会变成真理"这一谬误逻辑，进行"看不见"的宣传，扭曲经典、颠覆历史、兜售其价值观，企图将我国人民的思想搞乱，然后浑水摸鱼，乱中取胜。与此同时，境外反华势力试图插手我国内部的民族问题，通过非政府组织、宗教、新媒体等手段进行渗透、诋毁、挑拨，并破坏我国民族关系。

（五）社会舆情依然严峻复杂

互联网具有强大的聚焦放大能力，每遇社会热点问题，如强征强拆、医患纠纷、冤假错案、贫富悬殊等，总有人歪曲历史、罔顾事实，在网上发表主观臆测的言论，强化或极端化某种特定观点，而这往往容易被恶意炒作，在网络加持下引起社会舆情的爆发。"网络水军"带有强烈的"网络黑社会"性质，常常充当"捧人推手"和"网络打手"，为追逐利益打击竞争对手，为赢取舆论不惜造谣生事、侵犯公民合法权益等，对网络正常传播秩序造成干扰破坏。据新华社 2018 年 2 月 4 日发布的《有偿删帖 有偿炒作——"网络水军"违法犯罪活动调查》显示，2017 年 5 月以来，公安部部署各地公安机关开展打击"网络水军"全国集群战役，破获违法犯罪案件 40 多起，涉案总金额上亿元，查获并关停涉嫌非法炒作的网络账号 5 000 余个，关闭违法违规网站上万个，涉及网上欺骗、恶意炒作信息数千万条。

三、"研一研"：怎么办

面对复杂多样的安全威胁与挑战，用传统的理念、路径越来越难以有效地维护国家安全。在新形势下，要从根本上解决社会安全问题，铲除滋生社会安全问题的土壤，必须建立健全社会安定的体制机制，从制度上化解社会矛盾。提升预防和处置群体性事件的能力，形成统一指挥、功能齐全、反应灵敏和运转高效的应急机制；健全公共安全体系，努力编织立体化、全方位的公共安全网；加强社会治安综合治理，严厉打击新型违法犯罪；深入开展反恐怖主义斗争，完善反恐怖工作体系；防范和制止境外敌对势力的侵袭，对非法宗教坚决取缔；以新媒体、网络平台等为主阵地，弘扬社会正能量，严防各类违法犯罪在网络滋生蔓延。维护社会安全，始终以人民群众的安全需求为导向，全面推进平安中国建设，稳步提升人民群众的安全感和满意度。

（一）有效预防和妥善处置群体性事件

针对社会群体性事件，要建立健全相应的管理体制和工作预案，形成统一指挥、功能齐全、反应灵敏和运转高效的应急机制，及时应对，有效布置，缓解社会矛盾。这就要加强矛盾纠纷源头排查，广纳信息，通过对前期情报的搜集、传递、整理、分析、研判，机关单位要能做到及时发现诱发群体性事件的源头，尽量从源头上消除各种不和谐、不稳定的因素。同时，在群众中开展法制教育，引导群众通过合法、合理的途径维权，从根本上、源头上消除群体性事件的诱因。在妥善处置群体性突发事件时，应该依靠党委、政府统一领导，齐抓共管，密切配合，多方施策，形成整体合力。加强情报信息工作，掌握工作主动。在处置群体性事件中，相关部门要始终将情报信息工作置于十分突出的位置，建立快捷灵敏的预警机制，有效、及时化解不安定因素，坚持依法处置，这是提高处置群体性事件能力的关键，也是必须坚守的底线。同时，要注意及时回访，防止矛盾反弹，积极做好善后工作，杜绝群体性事件死灰复燃。

(二)健全公共安全体系

公共安全连着千家万户，确保公共安全事关人民群众生命财产安全，事关改革发展稳定大局。要提高应对公共安全危机的能力，建设完善公共安全事故的预防体制、应急反应机制、安全控制和事发后的处理机制，切实维护人民生命财产安全。在食品安全问题上，建立统一权威的监管机构，健全严格的全过程监管机制，点对点地建立各级食品溯源和质量标识制度；在安全生产问题上，完善安全生产责任制，实行党政同责、一岗双责、失职追责的管理制度，建立隐患排查治理和安全预防的控制体系，坚决遏制重特大安全事故频发势头；在防灾减灾问题上，应提升防灾减灾的能力，健全防灾减灾工作机制，组织营救、救治、疏散、撤离、安置等程序，并采取防止次生和衍生灾害发生的必要措施；在其他公共安全问题上，也应健全动态防控与监管机制，努力编织立体化、全方位的公共安全网，全力维护公共安全。

(三)加强处理社会治安问题的能力

加强处理社会治安问题的能力，就要加强社会治安防控网建设，优化防控力量布局，减少死角和盲区，提升社会面动态控制能力；加强信息资源互通共享和深度应用，在确保信息安全、保护公民合法权益前提下，提高系统互联、信息互通和资源共享程度；提高公共区域视频监控系统覆盖密度和建设质量；加强对社会舆情、治安动态和热点、敏感问题的分析预测，加强对社会治安重点领域的研判分析，及时发现苗头性、倾向性问题，提升有效应对能力；建立健全治安形势播报预警机制，增强群众自我防范意识。要以维护人民生命财产的理念为导向，充分运用大数据、云计算、物联网、"互联网＋"等新技术，加快创新完善我国社会治安防控体系，全面提升驾驭社会治安局势的能力水平。近年，全国公安机关重拳出击、全力以赴、攻坚克难，开展多项专项行动打击违法犯罪活动。例如，"云剑"行动抓获电信网络诈骗嫌疑人9.9万名，"净网2019"专项行动侦破涉网案件45 743起，重拳打击非法集资犯罪，发布十大涉众型经济犯罪典型案件，侦破影视侵权盗版案件25起，涉案金额2.3亿元。

案例6：内蒙古呼格错杀案

★ 微视频

1996年4月9日，内蒙古呼和浩特市卷烟厂发生一起强奸杀人案，警方认定18岁的呼格吉勒图是凶手，仅61天后，法院判决呼格吉勒图死刑，并于5天后执行。

内蒙呼格错杀案

2005年，轰动一时的内蒙古系列强奸杀人案凶手赵志红落网，其交代的第一起案件便是当年这起"4·9"杀人案。2014年12月15日，内蒙古自治区高院对再审判决宣告原审被告人呼格吉勒图无罪。12月30日，内蒙古高院依法作出国家赔偿决定：支付李三仁、尚爱云国家赔偿金共计2 059 621.40元。呼格吉勒图案经内蒙古自治区高级人民法院改判无罪后，有关机关和部门迅速启动追责程序，依法依规对呼格吉勒图错案负有责任的27人进行了追责。

2019 年 7 月 30 日，赵志红被执行死刑，最高法院没有确认赵志红强奸杀害杨某某。

（摘自 360 百科 https://baike.so.com/doc/7519609-7792490.html）

案例剖析：公正是法治的生命线。呼格吉勒图案这起错案的形成以及依法纠正的过程和结果，对于推动法治建设的意义非常重大，是一个里程碑式的案例。

内蒙古法院依法纠正"呼格案"，还当事人以迟到的正义，还法律以尊严，虽然过程一波三折，也离不开外界人士的不懈推动，但毕竟是法院系统在法律框架内部通过正常法律程序完成的，这与具有"人治"色彩的"平反"相比，法治是最终的赢家。

（四）加强反暴力反恐怖斗争

首先，针对恐怖分子惯用的犯罪手法，及时开展相关研究，制定对策预案，进而进行宣传教育和演练工作，增强民众防恐反恐意识和自我保护的能力；其次，依靠互联网及大数据，密切跟踪敌情动态，及时获得恐怖活动信息，建立高效的反恐情报机制，提升反恐情报侦察能力；再次，加大防控巡逻力度，特别是在大中城市的车站、广场等人员密集场所，加强巡逻力量，重点做好重要节日和重大活动时的反恐防范工作；最后，恐怖主义活动是世界各国共同面临的问题，打击和处置恐怖主义犯罪需要各国通力合作。我国是《制恐怖主义爆炸的国际公约》《打击恐怖主义、分裂主义和极端主义上海公约》等国际公约的主要成员，应与其他国家、地区和国际组织加强开展反恐怖主义合作，建立多边反恐合作机制，全面深化反恐国际合作。

面对暴力恐怖活动，习近平强调："反恐怖斗争事关国家安全，事关人民群众切身利益，事关改革发展稳定全局，是一场维护祖国统一、社会安定、人民幸福的斗争，必须采取坚决果断措施，保持严打高压态势，坚决把暴力恐怖分子嚣张气焰打下去。要建立健全反恐工作格局，完善反恐工作体系，加强反恐力量建设。要坚持专群结合、依靠群众，深入开展各种形式的群防群治活动，筑起铜墙铁壁，使暴力恐怖分子成为'过街老鼠、人人喊打'。"[①]

（五）防范、制止和依法惩治民族分裂活动和非法宗教的渗透

铸牢中华民族共同体意识，严密防范、坚决打击各种民族分裂主义活动，是我国政府旗帜鲜明的主张。积极组织各地民众开展宣传教育活动，最大限度团结和发动全国各族人民的力量，筑牢人民防线。在建立制止民族分裂活动的法律、体制机制的同时，应防范外来有害因素侵入，建立举报奖励机制，鼓励群众揭发非法宗教等有害因素的渗透，提高机动打击能力，有效震慑外来入侵，让民众有安全感，使社会稳定有序。此外，应正确引导信教群众，拓宽具有宗教信仰群众学习和掌握宗教知识的合法渠道，倡导宗教和谐理念，抵制宗教极端主义的渗透，对蛊惑群众的非法宗教予以严厉打击、依法取缔。

---

①中共中央党史和文献研究院. 习近平关于总体国家安全观论述摘编[M]. 北京：中央文献出版社，2018：136.

（六）强化社会舆情引导管控

一方面，对社会矛盾与焦点问题做到早发现、早研判、早引导，使事件处置与舆论引导密切配合、同步实施。面对社会问题，应把依法处理作为基本方式，依法给事件定性，依法分清责任，依法采取各种处置措施，在法治轨道上化解社会矛盾，解决社会问题。同时，应加快建立畅通有序的诉求表达机制，增加信息透明度，不断提高处理社会舆情的能力；另一方面，应该充分利用新媒体，为舆论工作的引导、管控创造良好条件。对那些试图推动舆论朝着非理性方向发展，扭曲和夸大事实的噪声杂音进行管控，完善网络治理体系和工作机制，对网络各类舆论主体进行积极引导、科学施策，让从事新闻信息服务、具有媒体属性和舆论动员功能的网络传播平台切实履行信息管理主体责任，与主流媒体良性互动、积极合作，使网络舆论向上向好发展，共建良好网络舆论生态。

任务三　实际操作训练

1. 分组讨论：针对互联网舆情，你会怎么做？
2. 请剖析以下案例并分享给同学、朋友等。

案例7：河北聂树斌错杀案

★ 微视频

聂树斌沉冤22年后
改判无罪

1994年8月5日，河北省石家庄市液压件厂女工康某在该市西郊孔寨村附近一块玉米地里被强奸杀害。一个月后，原鹿泉区综合职业技校校办工厂工人聂树斌被警方以该案嫌犯名义抓捕。1995年，河北省石家庄市鹿泉区人聂树斌因故意杀人、强奸妇女被判处死刑，剥夺政治权利终身，同年4月27日被执行死刑。2014年，最高人民法院指令山东省高级人民法院复查河北省高级人民法院终审的聂树斌故意杀人、强奸妇女一案。

2015年，聂树斌案复查期限先后延期四次，至2016年6月。复查后因不能认定聂树斌杀人强奸，2016年12月，最高人民法院第二巡回法庭对原审被告人聂树斌故意杀人、强奸妇女再审案公开宣判，宣告撤销原审判决，改判聂树斌无罪。

2017年3月30日，河北省高级人民法院通告，该院已对聂树斌家属聂学生、张焕枝申请国家赔偿案作出赔偿决定，赔偿金额共计268万余元。

（摘自360百科 https://baike.so.com/doc/5403805－5641501.html）

项目五

科技安全

任务一　典型案例透视

案例1：黄宇泄密案

黄宇，生于1974年7月28日，四川自贡市人，计算机专业，曾在某涉密科研单位工作。

为了泄私愤和满足物质上的欲望，黄宇竟然主动向境外间谍机关提供15万余份资料，其中绝密级国家秘密90项，机密级国家秘密292项，秘密级国家秘密1 674项，对我国党、政、军、金融等多个部门的密码通信安全造成难以估量的损失，严重危害了我国的科技安全。

黄宇因"间谍罪"被依法判处死刑，剥夺政治权利终身，并收缴间谍经费。

（摘自搜狐网 https://www.sohu.com/a/311077700_213853？sec＝wd，有删改）

案例剖析：科技保密一直是我国保密工作的重要组成部分。科技安全问题日益受到重视，加强我国科技保密体系建设，提高我国科技保密能力，对于维护国家科技安全具有重要战略意义。

任务二　理论知识学习

一、"谈一谈"：是什么

狭义的科技安全，是指在一定的社会环境下，一个国家的科学技术体系完整有效，系统运行良好并不断完善，国家重点领域核心技术安全可控并健康发展，科学技术能够有力地支撑和保障国家综合安全，能够有效地应对来自内部和外部的威胁，以及保障持续安全状态的能力。狭义的科技安全立足于科学技术系统的安全性，表示国家科学技术发展的一种态势，这种态势体现了在国际大环境下，国家通过政治、军事、外交、经济、科技等手段，使国家科学技术系统既通过与国际环境的开放式作用和系统内部的协调运行达到功能优化，又保证该系统不招致来自内部和外部的威胁，并以此维护国家利益。

广义的科技安全，是指在一定的社会环境条件下，特别是国际大环境中，以国家价值准则为依据的对科技系统与相关系统相互作用所决定的国家安全态势的一种动态描述。广义的科技安全是从国家利益的高度给出的一种定义，表示由科学技术因素以及科学技术与国家安全因素的相关性所构成的国家安全的一种状态，这种状态描述了国家利益免受国外科技优势（因素）威胁的能力、国家发展科学技术和依靠科学技术提高整体竞争力的能力、国家以科学技术手段维护国家综合安全的能力，以及健全高效的科技安全预警与防范系统。

案例2：美苏科技领域比较

★ 微视频

1981年里根政府执政后，美国掀起对苏"新冷战"，全面深化对苏经济制裁和技术出口管制，美苏"缓和"崩溃。1986年，在20种重要技术领域中，美国在13个领域领先，在2个领域与苏联平分秋色，苏联则在5个领域独占鳌头。至苏联解体前，美国已在15个领域独领风骚，在3个领域与苏联处在同一水平，苏联仅在2个领域仍然保持领先地位。

苏联10大黑科技武器

（参考360百科 https://baike.so.com/doc/5829234-6042056.html）

案例剖析：至苏联解体前，苏联的军用及民用科学技术水平不断落后于美国，也反映了同期苏联国家衰亡的不利境地。

进入21世纪，科学技术发展的水平及其竞争能力，在相当程度上决定了国家在世界竞争格局中的地位，成为影响国家安全的重要因素。因此，发展我国科技安全，为国家其他领域安全提供技术支撑，是十分重要的。

科技安全涵盖科技人才、科研设施设备、科技活动及科技成果应用等方面，确保各层面安全的实现。我国在积极培育本土科技人才的基础上，还需要引进外国科技人才，提升科研设施设备的先进程度，确保科研活动有序推进，全面守卫科技安全。

(一)科技人才

创新决胜未来，改革关乎国运。纵观人类发展史，创新始终是一个国家、一个民族发展进步的重要力量。创新驱动的实质是人才驱动，科技人才是国家创新的第一资源。我国要建设科技强国，捍卫科技安全，关键是要建设一支规模宏大、结构合理、素质优良的科技创新人才队伍。

科技人才是科学人才和技术人才的略称，是在社会科学技术劳动中，以自身较高创造力和科学探索精神，为科学技术发展和人类进步作出较大贡献的人群。科技人才包含四个要点：具有专门知识和技能；从事科学或技术工作；有较高的创造力；对社会作出较大贡献。

新一轮科技革命带来的是更激烈的科技竞争，如果科技创新搞不上去，发展动力就不可能转换，我国在全球竞争中就会处于下风。必须把科技人才培养作为支撑发展的第一资源，把创新摆在国家发展全局的核心位置，大兴识才爱才敬才用才之风，为科技人才发展提供良好环境，在创新实践中发现人才，在创新活动中培育人才，在创新事业中凝聚人才，让更多"千里马"竞相奔腾。

除了培养本土科技人才外，也要积极引进海外科技人才。海外科技人才既包括我国海外留学归国人员，也包括为我国服务的外籍科研人才。大力引进海外高层次人才，是进一步扩大对外开放、提高我国国际竞争力的迫切需要，是实现第二个百年奋斗目标和2035年远景目标的核心抓手。

1978—2019年，我国各类出国留学人员累计656.06万人，其中165.62万人正在国外进行相关阶段的学习或研究；490.44万人已完成学业，423.17万人在完成学业后选择回国发展，占已完成学业群体的86.28%。包括海外留学归国人员在内，截至2020年底，我国本土科技人才资源总数达到约1.1亿人，居世界首位。

中国政府除了培养本土人才、吸引留学归国人员回国服务，还大力引进高层次外国人才，带动各领域各行业嵌入全球产业链、价值链、创新链，推动新材料、集成电路、大数据等重大专项和大飞机、核电、高铁等重大项目取得新进展。

(二)科研设施设备

设施是指为某种需要而建立的机构、系统、组织、建筑等，如交通设施。英文中，设施通常与"基础"组合成一个单词，即 infrastructure，意为"底层结构"，是一个国家或一个组织保持运行所必需的系统或结构。可见，设施具有基础性、公共性。基础设施不仅包括物质和信息系统，还包括依附于这些有形物质的无形服务。

设备通常指可供人们在生产中长期使用，并在反复使用中保持原有实物形态和功能的生产资料与物质资料的总称。设施具有不可移动性，而设备通常具有可移动性；设施一般是为某种需要独立设计的系统，不具有批量生产的特性，而设备是为某种需要而开发的一套装置，可以批量生产。

案例3：全国首座国家科技创新型试点城市

合肥，安徽省省会，得益于自二十世纪七八十年代以来引入的中国科技大学等高校和科研院所，自2004年起成为全国首座国家科技创新型试点城市。2020年，合肥又与北京、上海、深圳并列，成为四个拥有"综合性国家科学中心"的城市之一。合肥目前有11个国家大科学装置，个个都是国之重器，还有占地19平方公里的国家级大科学装置集中区正在加紧建设中，其中最耀眼的当属聚变堆主机关键系统综合研究设施，肩负着我国可控核聚变技术的技术突破任务。

（摘自搜狐网 https://www.sohu.com/a/445343849_120775517，有删改）

案例剖析：在科学技术领域，科研设施设备是用于科学研究和技术开发的复杂系统、技术基础和重要手段，通常需要依靠政府预算资金支持，尤其是重大科研基础设施和大型科研仪器设备，担负着突破科学前沿、解决经济社会发展和国家安全重大科技问题的使命。科研设施设备是人们认识和改变世界的重要武器，是科技发展和科技安全的重要支撑。

2014年底，国务院印发《关于国家重大科研基础设施和大型科研仪器向社会开放的意见》，规定了科研设施与仪器的范围，包括大型科学装置、科学仪器中心、科学仪器服务单元和单台套价值在50万元及以上的科学仪器设备等，主要分布在高校、科研院所和部分企业的重点实验室、工程（技术）研究中心、分析测试中心、野外科学观测研究站及大型科学设施中心等研究实验基地。可见，设施涉及的范围比较广泛，而设备则是这个系统中的组成元素，隶属于设施。

国家科技创新基地是根据科学前沿发展、国家战略需求以及产业创新具体需要，开展研究、关键技术研发、科技成果转化、科技资源共享服务等科技创新活动的载体，是国家创新体系的重要组成部分。国家科技创新基地往往集成了大量先进科研设备，组建了一流的科研基础设施。根据战略需求和不同类型科研功能定位，国家级科学研究基地平台可分为科学与工程研究、技术创新与成果转化，以及基础支撑与条件保障三类。

(三)科技活动

科技活动包括科技情报、研究开发活动、国际科技合作、科研诚信、科技伦理、科学数据、知识产权保护、科技秘密、技术进出口、科技安全审查等。

科技情报指科学情报、技术情报、技术经济情报。其特点是：信息密度大，能以最小载体容载最大信息量；简洁方便，语言简洁而内容充实；新颖及时，科技情报反映的大都是某学科某专业的最新动态和研究成果，能迅速提供有价值的情报资料。

研究开发活动是指企业为获得科学技术新知识，创造性地运用科学技术新知识，或实质性改进技术、产品和服务而持续进行的具有明确目标的系统活动。按照以上定义，研究开发活动可理解为由科学研究活动与技术开发活动两大部分构成。科学研究活动是指为获得科学技术的新知识、创造性地运用科学技术新知识、探索技术的重大改进而从事的有计划的调查、分析和实验活动。技术开发活动是指为实质性改进技术、产品和服务，将科研成果转化为质量可靠、成本可行、具有创新性的产品、材料、装置、工艺和服务的系统性活动。

国际科技合作可分为官方、半官方和民间三种形式。政府是以官方形式开展国际科技合作的主体，可以加入国际科技合作组织，参与多边科技合作，建立合作基金，以及派遣科技外交官。中国开展同俄罗斯、乌克兰、白俄罗斯等国的政府间国际科技合作，增强了在一些尖端科学技术领域的水平。在政府间科技合作推动下，中国半官方以及民间科技合作交流也日趋活跃。

人无信不立，国无信则衰。科研诚信是科技创新的基石，是实施创新驱动发展战略、实现世界科技强国目标的基础。科研诚信，也称为科学诚信或学术诚信，指科研工作者需要实事求是、不欺骗、不弄虚作假，恪守科学价值准则、科学精神以及科学活动规范。科研诚信涉及的内容主要有：防范科研不端，治理科研中的不当行为；落实科研活动行为规范准则以及与生命伦理研究相关的规章制度；规避科研中由于商业化引起的利益冲突，注意政治、经济等方面压力对科研的影响。

科技伦理是指科技创新活动中人与社会、人与自然、人与人关系的思想与行为准则，规定了科技工作者及其共同体应恪守的价值观念、社会责任和行为规范。基因编辑技术、人工智能技术、辅助生殖技术等前沿科技在迅猛发展的同时，也导致了基因编辑婴儿等重大科技伦理事件的发生。加强科技伦理制度建设，推动科技伦理规范化，已成为全社会呼声。

科学数据是通过科学实验、检验、统计等获得的用于科学研究、技术设计、查证、决策等的数值，是科研工作的基础条件。核心科学数据是科技安全的重要组成部分。

创新是引领发展的第一动力，保护知识产权与保护创新内在统一。知识产权保护是指依照知识产权相关法律法规，对侵犯知识产权的行为进行打击，表现为阻止和打击假冒伪劣产品，阻止和打击商标侵权、专利侵权行为等。全面建设社会主义现代化国家，必须从战略高度和进入新发展阶段的系统要求出发，全面加强知识产权保护工作，激发全社会创新的动能与活力，推动构建新发展格局。

科技秘密关系国家安全，一旦泄露会削弱国防和尖端科技实力，影响国家所掌握的技术在国际上的先进程度，损害国家声誉、权益和对外关系。国家科学技术秘密的密级分为：(1)绝密级。绝密级包括国际领先且对国防建设或者经济建设具有特别重大影响的秘密、能够导致高新技术领域突破性进展的秘密、能够反映国防尖端实力的秘密。(2)机密级。机密级包括处于国际先进水平、具有军事用途或对经济建设具有重要影响的秘密，能够局部反映国防实力的秘密，我国独有、可体现民族特色且社会效益或经济效益显著的传统工艺。(3)秘密级。秘密级即处于国际先进水平，且与国外相比在主要技术方面具有优势，社会效益或者经济效益较大的秘密。

技术是指与经济活动直接相关的知识，即与产品制造、程序使用或提供服务相关的知识。技术进出口是指从我国境外向我国境内，或者从我国境内向我国境外，通过贸易、投资或者经济技术合作方式转移技术的行为，包括专利权转让、专利申请权转让、专利实施许可、技术秘密转让、技术服务和其他方式的技术转移。

科技安全审查即国家相关部门对涉及科技安全的人员、机构、机制、对外合作等进行监督、审计和审查。

(四)科技成果应用

科技成果转化应用，以及有效支撑科技应用的相关保障条件及其安全，是科技安全的重要组成部分。科技成果是指人们在科学技术活动中通过复杂智力劳动所得出的具有公认水准的学术或经济价值的知识产品。科技成果按其性质分为基础研究成果、应用研究成果和发展工作成果。将本国科学技术加以成果化应用，是一国科技安全的重要组成部分。

科技安全需要提防科技潜在负面作用。科学技术是一把"双刃剑"，在新科技革命与产业变革全面展开的背景下，科技的正负作用都在不断强化，科技创新对经济社会和人类自身的负面影响，一直萦绕难散。这些负面影响表现为：一是带来意外的资源生态问题；二是造成失业失能等社会问题；三是科技与资本进一步结合将导致科技寡头独大，带来"赢者通吃"局面，导致财富分配两极分化，呈现"马太效应"。20 世纪 80 年代以来，财富向科技巨头集中的趋势日益增强，以硅谷为代表的美国科技业巨头甚至对美国政治生活都具有实质性影响。四是科技运用所导致的快节奏生活引起人们的身心焦虑。五是可能对生命本体产生不公。当基因可以编辑、遗传可以选择时，科学技术也将威胁生命伦理和生命本体。六是致毁知识的增长导致安全风险越来越高。

二、"议一议"：为什么

目前，虽然我国科学技术取得巨大成就，但在一些尖端、前沿科学技术领域，仍然面临发达国家和一些新兴工业化国家的围堵与挑战，我国在向全球科技产业链高端的进发过程中征途漫漫。同时，我国科技人才培养面临可持续发展难题，对科技秘密的维护尚需强化。

(一)科技基础相对薄弱

改革开放以来，我国科技事业有了长足进步，特别是通过实施"863"计划、"火炬"计划以及"中国制造 2025"等战略规划，在相当程度上缩短了同发达国家在高科技方面的差距，科技安全得到了较好维护。然而，我国科技安全仍处于相对落后状态，科技安全面临时代发展催生出的种种风险与挑战。

我国科技发展水平仍总体落后于西方发达国家，科技投入有待提高。我国同发达国家之间的科技实力差距仍是科技安全面临的首要威胁。2014 年，我国全社会研究与试验发展（R&D）支出 13400 亿元，R&D 占国民生产总值的比重为 2.1%。至 2022 年，全社会研究与试验发展经费增加到约 3.09 万亿元。

全社会研究与发展经费的跨越式增长表明我国科技水平取得进展。根据《2023 年全球创新指数报告》，中国创新指数名列世界第 12 位，在中等收入国家中居于首位。但即便如此，中国研发总投入力度同处于世界最前列的创新型国家（投入占 GDP 2.5% 以上）相比还有差距，人均研究与发展经费更是远远落后于发达国家。

中国科技自主原始创新能力尚不够强，科技国情尚不容乐观。2001 年时，中国科技创新能力在 49 个主要国家（占世界 GDP 的 92%）中，位居第 28 位。至 2023 年，根据世界知识产权组织《2023 年全球创新指数（GII）报告》，在全球 131 个主要经济体中，中国创新指数居榜单第 12 名，有 24 个科技集群进入全球科技集群百强，首次成为百强科技集群中集群数量最多的国家。但总体来看，我国的科技自主创新和原始创新能力依旧相对薄弱，同发达经济体和一些新兴工业化国家存在不小差距。例如，目前，我国生产芯片的高端光刻机，主要进口自西方国家，而无法自产。

我国仍然缺乏世界顶尖的领军人才和科研机构。迄今为止，美国共有 300 多名诺贝尔奖获得者，居世界之首。在计算机科学领域，图灵奖更是几乎被美国垄断。按科学贡献度计算，在全球最顶尖的 20 所大学中，美国拥有 17 所。美国科技巨头及其自然科学实验室的科研能力也非常强。20 世纪 90 年代以来，全世界九成以上的应用科技创新都离不开硅谷的技术支持。

我国在战略性新兴科技产业领域的优势不足。战略性新兴科技产业包括新能源、新材料、节能环保、信息网络、高端制造业以及生物医药等行业。我国战略性新兴科技产业发展存在规模不大、收益偏低、自主创新能力不强、科技成果转化率低等问题。我国战略性新兴科技产业规模及其在经济总量中的比重，不仅低于欧美发达国家，也低于韩国等新兴工业化国家。此外，我国科技成果与产业发展之间的鸿沟没有完全消除，研发与应用脱钩，科技成果转化率不高。

我国核心技术安全受到外部威胁。西方国家处于主导地位的科技优势，决定了我国以科技手段支撑国家安全的能力相对不足，科技安全面临不利态势。发达国家凭借科技优势主导国际规则，不仅把持国际产业分工的高端链条，而且有效控制发展中国家高新技术的核心环节，导致我国一些产业核心技术长期受制于人。

(二)面临重大科技信息风险

知识产权保护是捍卫高新技术企业成果以及科技安全的核心举措。在一些关系国防安全的高新技术企业及科研院所中，知识产权保护工作疏漏将对科技安全造成很大危害。例如，2005—2006 年，孙某从南京某设计研究院离职时，通过非法复制、存储等方式带走多份国家秘密级技术文档。2013 年，孙某在某学院工作期间，为完成业绩考核，将明知是秘密级的相关技术通过互联网向国家知识产权局申请专利，造成国家秘密在互联网公开。2015 年 4 月，南京市雨花台区检察院以孙某构成故意泄露国家秘密罪提起公诉。2015 年 12 月，法院判决孙某构成故意泄露国家秘密罪，判处有期徒刑 1 年 6 个月。

科技保密一直是我国保密工作的重要组成部分。早在 1958 年，针对科技交流、交往中存在的问题，中共中央发布《关于科学技术保密问题的规定》，划定科技保密工作范围。当前，信息技术发展快速，涉密主体日趋多元，国际科技合作领域扩大，科技人员跨国界流动加速，科技创新和成果转化节奏加快，这些都导致针对我国科技领域的窃密活动愈加频繁，失泄密风险扩大。加强我国科技保密体系建设，提高我国科技保密能力，对于维护国家科技安全具有重要战略意义。

科技安全的另一着眼点在于防止科技数据和科技资源失控，防范此种失控态势造成危害。技术发展正加速引发道德和伦理争议，技术本身可能脱离人类控制，引发科技数据以及科技资源失控的风险。为此，要建立负责任的工程设计文化，促使科技和设计担负对于人类社会的责任，完善伦理和法律准则，做好责任预设及风险防控工作。

(三)科技安全风险防范

科技安全风险是指威胁人类生命或对国家安全造成严重损失的科技风险，如人类胚胎基因编辑技术的潜在风险、以美国为首的西方国家对中国进行技术封锁的风险等。科技安全风险包括风险的客观部分及主观部分。客观部分指概率可以预测、损失可以估量的部分，如车祸、煤矿安全风险等；主观风险与某一群体文化特征、习惯相关，如核电站在某些国家被认为风险巨大，但在另外一些国家则被认为无太大风险。

此外，科技安全风险具有明显的政治性。从近年来发生的美国制裁中兴事件、西方部分国家限制华为 5G 技术等案例可以看出，当前我国面临的科技安全风险很多是外部评判、定义的风险，是对我国不客观、不公正的风险评估。

当前，我国面临以下三种类型的科技安全风险：

（1）人类胚胎基因编辑、人工智能等新兴技术风险。例如，人类胚胎基因编辑技术能修改人体胚胎、精子或卵细胞的 DNA，实现"重新设计人类"的效果，将引发重大科技风险，被认为是不道德、不合法的。

（2）科技发展不完善，特别是核心技术受制于人的风险。目前，我国不少核心技术仍旧受制于人，例如计算机芯片、工业软件、尖端数控机床、光刻机等，严重影响科技安全、经济安全以及军事安全等诸多方面。

（3）中国高科技走向国际市场存在政治风险，典型案例为西方国家对华为 5G 技术的围堵。可以预见，中短期内以美国为首的西方国家将加紧联合对中国高技术企业进行遏制，阻碍我国企业走向国际产业链高端。

案例 4：孟晚舟事件

★ 微视频

孟晚舟事件

2018 年 12 月 1 日，孟晚舟在加拿大温哥华被捕，美国向加拿大要求引渡她，加拿大法院定于 12 月 7 日就此事举行保释听证会。12 月 11 日，加拿大法院作出裁决，批准华为公司首席财务官孟晚舟的保释申请。

2019 年 1 月 29 日，美国正式向加拿大提出引渡孟晚舟的请求。中方敦促美方立即撤销对孟晚舟的逮捕令及正式引渡要求。3 月 1 日，加拿大司法部长决定就孟晚舟案签发授权进行令。3 月 3 日，孟晚舟已提起对加拿大政府的民事诉讼。3 月 6 日，孟晚舟在温哥华再次出庭，引渡听证会延期至 5 月 8 日。5 月 13 日，华为心声社区发布了孟晚舟 5 月 9 日给所有华为人的一封信。

2020 年 1 月 20 日，加拿大法院再次就孟晚舟案举行听证会。5 月 28 日，法官宣布判决结果，孟晚舟未能获释。7 月 23 日，华为已向加拿大法院申请终止将孟晚舟引渡到美国。7 月 24 日，加拿大不列颠哥伦比亚省高等法院公开孟晚舟引渡案下一阶段庭审的证据材料。8 月 17 日，加拿大不列颠哥伦比亚省高等法院就孟晚舟案举行庭审，讨论涉案证据信息披露问题。11 月 16 日，加拿大不列颠哥伦比亚省高等法院再次举行孟晚舟案听证会。涉嫌把孟晚舟电子设备密码提供给美国联邦调查局的加拿大皇家骑警退休警官 Ben Chang 拒绝出庭作证。

2021 年 8 月 18 日，孟晚舟引渡案结束审理；英国媒体传来消息称，孟晚舟案件的裁决结果将在 10 月 21 日出炉。

2021 年 9 月 25 日，中国公民孟晚舟乘坐中国政府包机返回祖国。同日，《人民日报》

评孟晚舟回国：没有任何力量能够阻挡中国前进的步伐。

（摘自 360 百科 https://baike.so.com/doc/28618144-30077236.html，有删改）

案例剖析：孟晚舟事件是一场彻头彻尾的政治构陷。孟晚舟被捕，只因她是华为创始人任正非的女儿。此事的本质，在于中国能不能拥有正当发展权利，中国高科技企业能不能在美国打压下自力更生、奋起突围。这一事件说明，美国打压不了、阻遏不了中国高科技企业发展，国家和人民是抵御一切风险挑战的坚强后盾。

（四）科技人才风险

综合国力竞争说到底是人才竞争，谁能培养和吸引更多优秀人才，谁就能在竞争中占据优势。科技人才数量是衡量国家和地区科技实力的重要指标。我国仍然面临不小的科技人才风险，主要体现在以下几点：

（1）供需结构不匹配，存在高层次科技人才缺乏、青年科技人才比例不高、新兴产业科技人才比重小等问题。

（2）科技人才地区分布不合理，长期存在"孔雀东南飞"情况。我国地区差距较大，中西部省份财力有限，不能满足科技人才需求，经费不足导致中西部高端科技人才长期流失。科技人才分布的结构失调，直接制约中西部地区产业结构的优化调整，不利于我国平衡区域发展，弥合区域差距。

（3）融资渠道不畅通、扶助政策落实不到位是当前我国科技人才创新创业过程中遇到的主要难题，是造成科技人才风险的严重隐患。

（4）人才收益和激励机制不够协调。与其他行业相比，科技人员收入水平偏低的问题比较突出。科技人员收入水平偏低，短期内会降低科技人员的积极性，长期则会降低优秀人才向科技领域流入的积极性。

（5）高端人才流失也是威胁我国科技安全的重要短板。1978—2018 年，我国出国留学人数总计达 585.71 万人，其中 432.32 万人完成学业，365.14 万人选择回国发展，剩余则选择留居海外，特别是在美国就业。2018 年，在美国高校及科研机构的博士学位获得者中，中国国籍学生达 6 182 名，其中 79.4% 的中国博士毕业生留在美国工作。中国科技人才流失严重，"楚才晋用"的态势堪忧，科技人才风险已成为维护国家科技安全亟需补足的重要弱项。

三、"研一研"：怎么办

维护我国科技安全，需要落实战略规划，突破重点领域，加强科技人才队伍建设，加强科技安全治理，夯实我国科技安全阵地，为我国第二个百年奋斗目标顺利实现和中华民族伟大复兴保驾护航。

（一）落实战略规划

1. 统筹国家安全与发展，完善国家创新体系

发展和安全，犹如车之两轮、鸟之两翼，任何一方面有短板，都会影响中华民族伟大复兴进程。统筹发展和安全，既要求通过发展提升国家安全实力，又要求深入推进国家安全思路、体制、手段创新，营造有利于经济社会发展的安全环境，在发展中更多考虑安全因素，努力形成在发展中保安全、在安全中促发展的格局。

强化科技安全工作，完善国家创新体系，是新时期夯实总体国家安全的关键组成部分。国家创新体系是各个创新参与者以及相关关系的总和。相关参与者众多，既包括企业，也包括高校、研究所、政府部门，还包括金融机构、其他社会组织乃至终端用户。除了参与者，创新体系还包括这些参与者之间的关系。

2. 加强自主创新，强化国家战略科技力量

《中共中央关于制定国民经济和社会发展第十四个五年规划和二〇三五年远景目标的建议》提出，加紧制定科技强国行动纲要，健全社会主义市场经济条件下的新型举国体制，打好关键核心技术攻坚战，提高创新链整体效能。特别要加强基础研究，注重原始创新，优化学科布局和研发布局，推进学科交叉融合，完善共性基础技术的供给体系。

3. 强化企业在技术创新中的主体作用

要重视发挥大企业，特别是大型央企在自主创新中的作用。推动产业链上中下游、大中小企业融通创新。例如，比亚迪充分利用其生产动力电池的能力，创新性地发展新能源车，占据了很大的市场份额，便是成功案例。

4. 建立企业与高校和科研院所之间高效的产学研合作机制

要加强知识产权保护，提高科技成果转化成效，健全创新激励机制，构建充分体现知识、技术等创新要素价值的收益分配制度。

5. 加强事关国计民生和国家安全的战略性、前沿性、新兴领域科技安全基础设施建设

2012年，国务院通过《国家重大科技基础设施建设中长期规划（2012—2030年）》，提出以能源、生命、地球系统与环境、材料、粒子物理和核物理、空间和天文、工程技术等7个科学领域为重点，加快重大科技基础设施建设，优先安排我国发展急需、具有相对优势和建设条件成熟的科技领域，如海底科学观测网、精密重力测量研究设施等16项重大科技基础设施先期投入建设。

截至2022年9月，我国布局建设的77个重大科技基础设施近40个，有32个已建成运行，总体技术水平基本进入国际先进行列，500米口径球面射电望远镜、托卡马克核聚变研究装置等一批设施全球领先。北京、上海、合肥、广州、成都、西安等地初步形成具有一定国际影响力的设施群。

（二）突破重点领域

2016年5月发布的《国家创新驱动发展战略纲要》指出："增强原始创新能力，提升我

国科学发现、技术发明和产品产业创新的整体水平，支撑产业变革和保障国家安全。"在此引导下，我国加快科学技术前沿探索和前瞻布局，推进核心技术攻坚，加快科技成果转化，加速推进战略性新兴产业，提高产业链和供应链的稳定性及现代化水平，培育我国参与科技竞争的新优势。

案例5：中国的航空发动机研制

被称为"工业之花"的航空发动机，是典型的技术、知识双密集型高科技产品。在军用航发领域，只有美、俄、英、法四家可以独立研制和发展一流水平的发动机，而民用航空发动机市场的门槛更高。目前真正具有技术和商业优势的只有美、英、法三国的四家公司：美国通用电气航空集团公司(GE航空)、普惠公司(P&W)、英国罗罗公司(R&R)以及法国斯奈克马公司(SNECMA)。这四家公司在全世界民用发动机市场份额接近90%。20世纪80年代，当美国F-15战斗机已经开始安装推重比达到8的F-110发动机时，中国还在落后的涡喷发动机上挣扎。如今，虽然我们在四代发动机上取得了巨大进步，但这种差距仍达到30年。

（摘自读览天下 http://www.dooland.com/magazine/article_883621.html，有删改）

案例剖析：历史的教训告诉我们，花再大代价也买不来航空发动机先进的设计、试验、制造、材料技术，我们必须坚定不移地走自主创新之路。尽管目前决定核心技术能否突破的基础研究水平与世界先进水平相比还存在明显差距，但随着国家支撑核心技术攻坚的持续投入、高素质人才积累的加强，眼下，不管是国家战略还是技术储备，中国的航空发动机研制已进入最好的时候。

面向2035年远景目标，我国已选择一批体现国家战略意图的重大科技项目，力争有所突破，具体包括航空发动机及燃气轮机、深海空间站、量子通信与量子计算、脑科学与类脑研究、网络空间安全、深空探测及空间飞行器在轨服务与维护系统、煤炭清洁高效利用、智能电网、天地一体化信息网络、大数据、智能制造和机器人、新材料研发、京津冀环境综合治理等。在此基础上，我国力图持续攻克"核高基"（核心电子器件、高端通用芯片、基础软件）、集成电路装备、移动通信、数控机床、油气开发、核电、水污染治理、转基因、新药创制、传染病防治等核心关键技术。

我国拥有9亿劳动力、4亿中等收入群体、1.7亿多受过高等教育或拥有专业技能的人才、1亿多市场主体，具有超大规模的关键市场优势。我国也是世界上唯一拥有全部工业门类的国家，在世界500多种主要工业产品中，我国有220多种工业产品产量世界第一。要紧密依托我国超大规模市场和完备产业体系，加速科技成果向生产力转化，维护上下游产业链的科技安全。

（三）加强科技人才队伍建设

夯实我国科技安全，离不开造就世界水平的创新领军人才。从"天眼"探空到"蛟龙"探海，从页岩气勘探到量子计算机研发等重大科技成果的问世，离不开科技工作者的奋力攻关。广大科技工作者为我国科技事业发展和科技安全提供了源源不断的智力支持，是建设科技强国最宝贵的财富。

实现"两个一百年"奋斗目标以及中华民族伟大复兴，归根结底要靠人才。如果没有一支宏大的高素质人才队伍，实现中华民族伟大复兴就是一句空话。从国际竞争力、国家长远发展和战略布局来看，我国青年人才资源储备还不适应时代要求，青年人才中高层次创新人才相对匮乏，未来还将面临新老交替、"青黄不接"等问题。

国家出台的"千人计划""青年拔尖人才支持计划"等人才项目，为各行各业青年才俊崭露头角、走向前台提供了大好机会。人才强国的根本在于促进各行各业青年人才茁壮成长，各级政府必须积极营造有助于优秀青年人才尽快成长的社会氛围，激励广大青年成长成才。

培养造就大批优秀科技人才，需要健全激发人才创新创造活力的激励机制，解决人才评价制度不合理等问题，建立健全以创新、质量、贡献为导向的科技人才评价体系，完善科技奖励制度，让优秀科技创新人才得到合理回报，释放各类人才的创新活力。同时，应加快形成有利于人才成长的培养机制、有利于人尽其才的使用机制、有利于人才各展其能的激励机制，解决人才队伍的结构性矛盾，构建完备的人才梯次队伍，营造有利于创新创业的政策环境。

（四）加强科技安全治理

1. 建立健全科技安全有赖于完善科技安全预警机制

建立科技安全预警机制是加快科技安全预警监测体系建设的重要举措，其以维持我国科技优势、防止对手技术封锁为宗旨，对国内外科技安全态势进行监测，及时对国内外可能出现的科技威胁、技术突袭、技术封锁发出预警，判断核心技术禁运对中国科技安全可能造成的损害，并提出应对措施，维护科技安全。

案例6：2018年美国制裁中兴事件

★ 微视频

中兴迎来"重生"

2018年4月16日晚，美国商务部发布公告称，美国政府在未来7年内禁止中兴通讯向美国企业购买敏感产品。

2018年4月19日，针对中兴被美国"封杀"的问题，商务部表示，中方密切关注进展，随时准备采取必要措施，维护中国企业合法权益。

2018年4月20日，中兴通讯发布关于美国商务部激活拒绝令的声明，称在相关调查尚未结束之前，美国商务部工业与安全局执意对公司施以最严厉的制裁，此举对中兴通讯极不公平，不能接受！

2018年5月，中兴通讯公告称，受拒绝令影响，本公司主要经营活动已无法进行。5月22日，美国将取消中兴通讯销售禁令，根据讨论的协议维持其业务。

2018年6月7日，美国商务部长罗斯接受采访时表示，美国政府与中兴通讯已经达成协议，只要后者再次缴纳10亿美元罚金，并改组董事会，即可解除相关禁令。6月19日，美国参议院以85—10的投票结果通过恢复中兴通讯销售禁令法案。

2018 年 7 月 2 日，美国商务部发布公告，暂时、部分解除对中兴通讯公司的出口禁售令。7 月 12 日，《美国之音》消息，美国商务部表示，美国已经与中国中兴公司签署协议，取消近三个月来禁止美国供应商与中兴进行商业往来的禁令，中兴公司将能够恢复运营，禁令将在中兴向美国支付 4 亿保证金之后解除。

2018 年 7 月 14 日，中兴通讯宣布"解禁了！痛定思痛！再踏征程！"的标语。

（摘自 360 百科 https://baike.so.com/doc/28104685-29513915.html）

案例剖析：无论是对外宣传有多厉害，市场份额有多大，没有核心技术，就会处处受制于人。所以企业要想发展壮大，一定要有自己的核心技术，核心技术必须掌握在自己手上。

2. 完善科技安全保密法律法规，重视知识产权保护

科技秘密是国家秘密的重要组成部分，科技保密与科技发展、技术创新都是维护国家安全的必需品。2018 年，科技部印发《国家科学技术秘密持有单位管理办法》《国家科学技术秘密定密管理办法》；2019 年，国防科工局进一步印发《军工涉密业务咨询服务安全保密监督管理办法》，有效促进了科技安全保密法律法规体系建设。

西方国家把知识产权作为手段，试图通过技术壁垒、技术管制、实体清单、严格审查和限制科技交流等方式，加大对我国科技创新的全方位打压。因此，我国迫切需要加强知识产权保护，提升主导国际规则的意识，通过前瞻性科研布局和关键技术突破，主动、深度参与全球知识产权治理，善于运用知识产权的斗争武器。另外，要增强全社会尊重和保护知识产权的意识，在科技创新中发挥知识产权的导向作用，用好用活知识产权制度，自觉主动将其运用到科技创新的全过程。

3. 加强科技安全宣传和教育培训，提升应对科技安全问题系统能力

强化科技安全，有赖于对科技工作从业者以及相关政府机构进行经常性科技安全宣传和教育培训。对学生以及社会公众，更要强化有关科技安全的知识科普，促使人们认识到科技安全在大国权势竞争和捍卫国家安全中的关键作用。

4. 建立完善科技安全审查制度

科技安全审查的重点在于详细评价科学技术及相关产品的安全性、可控性及其对于总体国家安全可能带来的影响。建立国家、社会、企业三位一体的科技安全审查制度是夯实科技安全的题中之义，只有这样，才能避免出现科技安全风险。

5. 加强科学伦理审查

从"黄金大米""换头术"再到"基因编辑婴儿"，科技工作时常冲击科学伦理底线，因此，亟须完善科研伦理机制，防范伦理风险，加强生物安全、信息安全等科技安全责任制和科学伦理审查制。2019 年 8 月，中央深化改革委员会通过《国家科技伦理委员会组建方案》，旨在健全科技伦理审查和风险评估制度。通过体制机制建设杜绝违背科技伦理的行为，可从以下方面持续着手：①建立体系化的法律法规，使科技伦理工作有法可依；②建立体系内自纠机制和体系外监督机制，发挥行政、司法和社会舆论的监督效应；③建立科

学严谨的审查制度，做到事前审批、事中监督和事后跟踪；④组建国家科技伦理委员会，构建覆盖全面、导向明确、规范有序、协调一致的科技伦理治理体系。

任务三　实际操作训练

1. 分组调研当代国际科技竞争的制高点，谈谈相关领域是怎样影响科技安全竞赛的。
2. 请剖析以下案例并分享给同学、朋友等。

案例 7：勒索软件感染事件

2017 年 5 月 12 日，全球暴发针对 Windows 操作系统的勒索软件感染事件。该勒索软件利用此前美国国家安全局网络武器库泄露的 WindowsSMB 服务漏洞进行攻击，受攻击文件被加密，用户需支付比特币才能取回文件，否则赎金翻倍或文件被彻底删除。

全球 100 多个国家数十万用户中招，国内的企业、学校、医疗、电力、能源、银行、交通等多个行业均遭受不同程度的影响。

安全漏洞的发掘和利用已经形成了大规模的全球性黑色产业链。美国政府网络武器库的泄漏更是加剧了黑客利用众多木马漏洞发起攻击的威胁。

（摘自搜狐网 https://www.sohu.com/a/214548165_133315，有删改）

案例 8：沈某泄露核机密案

沈某某，男，汉族，1957 年生，原系广东某集团公司党组成员、副总经理。2003 年至 2007 年，沈某某多次向境外人员王某某提供我国第三代核电招标项目方面的有关材料和内部消息。其中机密级国家秘密 2 份，情报 1 份。

2009 年，广东省高院终审判决其犯为境外非法提供国家秘密、情报罪，数罪并罚判处执行入狱 17 年，剥夺政治权利 5 年，没收个人财产 50 万元。

（摘自中国新闻网 https://www.chinanews.com.cn/sh/2016/03−04/7783496.shtml，有删改）

项目六

网络安全

任务一　典型案例透视

案例1：周滨城侵犯公民个人信息案

2016年4月，被告人周滨城向他人购买浙江省学生信息193万余条。后被告人周滨城将其中100万余条嘉兴绍兴地区的学生信息以6万余元的价格出售给被告人陈利青，将45 655条嘉兴地区的学生信息以3 500元的价格出售给被告人刘亚、陈俊、周红云，将7 214条平湖地区的学生信息以1 400元的价格出售，将2 320条平湖地区的学生信息以500元的价格出售，共计非法获利65 400元。此外，2016年4月，被告人刘亚、陈俊、周红云以3 000元的价格向他人购买嘉兴地区学生信息25 068条。

浙江省平湖市人民法院判决认为，被告人周滨城、陈利青、刘亚、陈俊、周红云违反国家有关规定，向他人出售或者以购买的方法非法获取公民个人信息，其行为均已构成侵犯公民个人信息罪。

（摘自中国法院网 https://www.chinacourt.org/article/detail/2017/05/id/2852395.shtml）

案例剖析：随着云计算、大数据等网络技术的发展与应用，数据存储与传输安全对维护国家安全、保护公民合法权益日益重要，成为网络空间争夺、控制的焦点。本案例中被告人违反国家有关规定，向他人出售或者以购买的方法非法获取公民个人信息，其行为已构成侵犯公民个人信息罪，而且这些信息如被用于网络诈骗犯罪活动则将严重危害公民利益和社会安全。

任务二　理论知识学习

一、"谈一谈"：是什么

网络安全主要是指通过采取必要措施，防范对网络的攻击、入侵、干扰、破坏和非法使用以及意外事故，使网络处于稳定可靠运行的状态，以及保障网络存储、传输、处理信息的完整性、保密性和可用性的能力。

网络安全涉及领域众多，包括计算机科学、网络、通信、密码和信息安全等技术，以及应用数学、数论和信息论等学科。从国家安全角度看，网络安全的内容主要涵盖两方面：网络运行安全及网络信息安全。其中，网络运行安全包括防止黑客攻击、防止其他势力渗透，确保信息系统能够连续可靠地运行，保障国家关键信息基础设施安全等；网络信息安全主要有数据传输安全，网络信息加密，有害信息监察监管，防范网络诈骗、网络暴力等。

（一）网络运行安全

"黑客"一词源于英文 hacker，原指擅长用智力通过创造性方法来挑战脑力极限的人，特别是对计算机网络系统、编程感兴趣且能够进行特殊程序设计的人。随着互联网与信息技术的深入应用，"黑客"的含义也逐渐贬义化，通常指凭借掌握的计算机技术，采用不正当手段躲过计算机网络的安全措施和访问限制，进入网络从事未授权或非法活动的人，一般被认为是网络的"攻击者"和"破坏者"。黑客攻击的主要途径是借助计算机网络在硬件、软件或协议的具体实现或系统安全策略上存在的缺陷，对其进行未授权的访问与破坏；攻击手段主要是通过网络监听、拒绝服务攻击、欺骗攻击、病毒及密码攻击等，盗窃重要网络资源或密码、篡改密码、实施恶作剧等，以便获取物质利益或满足个人的心理欲望等。2014 年 8 月，我国浙江温州近 16 万有线电视用户遭受黑客攻击，破坏者将反动信息通过网络技术手段直接植入用户机顶盒，使电视屏幕出现大量非法图文信息，对网络用户和社会公共秩序造成严重危害。同时，外部敌对势力也有可能通过互联网进行意识形态渗透，鼓噪"网络自由"，宣扬其价值观念，攻击我国的政治制度和发展模式。《中华人民共和国国家安全法》第二十五条规定："……加强网络管理，防范、制止和依法惩治网络攻击、网络入侵、网络窃密、散布违法有害信息等网络违法犯罪行为……"因此，网络安全管理的重要任务就是防范黑客攻击，防止其他势力渗透、破坏网络的运行安全。

网络运行安全包括保障国家关键信息基础设施安全。如果说网络运行安全是网络安全的重心，那么国家关键信息基础设施安全则是重中之重，与国家安全和社会公共利益息息相关。关键信息基础设施是指关系国家安全、国家公共利益的信息设施，包括提供公共通信、广播电视传输等服务的基础信息网络，能源、金融、交通、教育、科研、水利、工业制造、医疗卫生、社会保障、公用事业等领域的国家机关重要信息系统和重要互联网应用系统等。随着我国关键信息基础设施智能化、联网化程度迅速发展，社会中的重要行业和公共领域对网络的依赖性持续增强，关键信息基础设施安全防护更加紧迫。当前，网络空间军事化、网络武器平民化、网络攻击常态化的态势日趋明显，关键信息基础设施已成为网络攻击的主要目标。由此，国家关键信息基础设施成为网络安全的核心战场和经济社会发展的"神经中枢"，其安全稳定运行是保障人民群众正常生产生活的前提。

（二）网络信息安全

网络信息安全，通常指系统的硬件、软件以及网络信息受到保护，并持续正常地运行和服务。信息安全的实质是保护信息系统和信息资源免受各种威胁、干扰和破坏。数据信息具有五大安全重要属性，即保密性、完整性、可用性、可控性和可审查性。"数据"成为类似水、电、油、核的又一重要国家战略资源，是社会生产、生活的基础要素之一。在数据存储与传输上，应实行网络安全等级保护制度。相关运营者应当按照网络安全等级保护制度的要求，履行安全保护义务，保障网络免受干扰、破坏或未经授权的访问，防止网络数据泄露、被窃取或篡改。对于经济安全、军事安全等高度机密数据，还应采用深度加密技术。网络信息加密是防止数据在存储和传输中泄密的有效手段，加密的基本思想是根据一定的算法将原始数据（明文）转换为不可直接识别的格式（密文），从而使得不知道解密算法的人无法获得数据内容。密码技术是信息传输安全的重要保障，通过数据加密、密钥管理等技术手段，可以保证在网络环境中数据传输和交换的安全，加密技术已经成为网络信息安全的核心技术。

信息安全包括对网络有害信息的监察监管。网络有害信息又称有害数据，是计算机系统及其存储介质中存在的，以计算机程序、图像、文字、声音等多种形式表示的，一切与现实不符或有危害的信息。例如，含有攻击人民民主专政、社会主义制度，攻击党和国家领导人，破坏民族团结等危害国家安全内容的信息，含有宣传封建迷信、淫秽色情、凶杀、教唆犯罪等危害社会秩序内容的信息。这类有害信息对国家安全、社会运行秩序和大多数人的利益构成严重威胁，需要加大监察监管力度。《中华人民共和国网络安全法》明确指出，国家网信部门负责统筹协调网络安全工作和相关监督管理工作。国务院电信主管部门、公安部门和其他有关机关依照本法和有关法律、行政法规的规定，在各自职责范围内负责网络安全保护和监督管理工作。

此外，信息安全还包括防范网络诈骗、网络暴力。网络诈骗犯罪具有空间虚拟化、行为隐蔽化的特点，犯罪嫌疑人在作案时常常刻意虚构事实、隐瞒身份，加上各种代理、匿名服务，使其真实身份深度隐藏，从而使侦查机关难以确定其所在地。网络诈骗犯罪链条趋向产业化，特别是在某些高危地区往往围绕某种诈骗手法逐渐形成一条成熟完整的地下产业链。近些年是互联网高速发展的时期，也是网络诈骗手法不断翻新的时期，网络诈骗手法多样，且不断更新换代，新型诈骗手法层出不穷。同时，网络暴力的危害日益严重且影响恶劣。它是网民在网络上的暴力行为，也是社会暴力在网络上的延伸。网络暴力是由部分网民散播在网络上且具有"诽谤性、诬蔑性、侵犯名誉、损害权益和煽动性"的言论、文字、图片和视频。网络暴力对当事人的名誉、权益与精神造成损害，已经打破了道德底线，往往也伴随着侵权和违法犯罪行为，亟待运用教育、道德约束、法律等手段进行规范。因此，预防网络诈骗、网络暴力，倡导文明上网，也是网络安全的基本内容。

案例2：胡某等涉嫌触犯帮助信息网络犯罪活动罪

2021年6月初，南昌市南昌县澄碧湖派出所民警接到线索称，辖区一高校内有4名大学生银行卡流水出现异常，可能涉嫌帮助信息网络犯罪活动罪。警方介入调查发现，胡某等4人均系该校学生，且居住在同一寝室。他们都是通过一份在网络上找的"兼职"，成了帮助网络诈骗分子"洗钱"的帮凶。警方查明，胡某等人通过网络结识网络诈骗洗钱"下家"之后，通过对接转账具体细节、金额、账号等，帮助对方用自己的银行卡操作资金转账。其间，每笔账对方按"千分之五"计算提成，双方并不见面。胡某等人存在侥幸心理，觉得自己只是提供银行卡，没有参与实际转账操作，便不涉嫌违法。实际上，他们已涉嫌触犯了帮助信息网络犯罪活动罪。

《中华人民共和国刑法修正案(九)》增设帮助信息网络犯罪活动罪，针对明知他人利用信息网络实施犯罪，为其犯罪提供互联网接入、服务器托管、网络存储、通讯传输等技术支持，或者提供广告推广、支付结算等帮助的行为独立入罪。警方提醒，要妥善保管好自己的身份证、银行卡、网银U盾等账户存款工具，保护好登录账号和密码等个人信息，不要出租、出借、出售个人银行卡、身份证和网银U盾等账户存取工具。侥幸心理不可有，法律红线不要碰，别为蝇头小利毁了大好前程。

（摘自搜狐网 https://www.sohu.com/a/484443026_121123766，有删改）

案例剖析：胡某等4名大学生明知他人利用信息网络实施犯罪，还为其犯罪提供便利，理应受到处罚。面对法律红线，侥幸心理不可有。法网恢恢，疏而不漏，切勿以身试法！

二、"议一议"：为什么

进入21世纪，随着网络技术的快速发展和大数据、社交网络、电子商务、办公自动化等方面的广泛应用，网络安全问题与隐患不断出现，网络安全的重要性和紧迫性日益突出。网络安全是我国贯彻总体国家安全观的重点领域，虽已建立起较为完善的管理体制，形成了相对成熟的法律法规体系，但各方面的形势依然不容乐观，仍面临一些新的攻击点和严重威胁。作为一个新的生态系统，"互联网＋"已经渗透到政治、经济、文化、社会、军事等各个领域，在公共生活中的作用也越来越凸显。从国家、社会和个人角度看，当前我国网络安全面临的主要威胁体现在以下几方面：

(一)外部势力通过互联网进行侵犯，危害我国政治安全

互联网时代，网络的跨时空、跨国界特征，使某些外部势力不仅利用网络宣扬其推崇

的制度，在互联网上进行意识形态渗透，而且干涉其他国家内政、煽动社会动乱、恶意攻击我国的政治制度和发展模式。此外，一些国家利用掌握的信息技术优势，大规模实施网络监控，窃取他国政治、经济、军事秘密以及个人信息，甚至远程控制他国重要网络与信息系统，严重影响网络安全，危害国家政治安全和用户信息安全。例如，2013年曾参加美国国家安全局网络监控项目的斯诺登曝光了"棱镜事件"，公开指出美国利用互联网核心技术实施网络霸权，控制和监听包括其盟友政要在内的即时通话和相关数据。美国利用网络超级软件侵害各国人民权益，践踏各国网络主权。这种"双重标准"暴露其利用互联网煽动民粹主义、制造"颜色革命"，以及对我国"西化""分化"的真实意图。

(二)网络信息影响民众意识形态和价值取向，侵蚀我国文化安全

随着互联网的普及应用，我国已成为网络大国，网民数量世界第一。尽管网络拓展了人们获取信息的方式和途径，但民众网络安全意识较为薄弱，应对网络安全风险的能力不足。由于网络信息鱼龙混杂，网络谣言、颓废文化和淫秽、暴力、迷信等违背社会主义核心价值的有害信息侵蚀民众身心健康，败坏社会风气，误导网民的价值取向。与此同时，一些西方发达国家凭借强大的经济实力和先进的科学技术，通过互联网，在文化交流中掌握主动权和话语权，强势推行"文化殖民"，对我国进行文化渗透，甚至意图进行"和平演变"，强烈冲击着我国的主流意识形态、民族文化和社会道德、规范，严重危害我国文化安全。

(三)关键信息基础设施遭到攻击破坏，严重威胁我国经济安全

当前，信息技术日益融入社会生产、生活，为国家发展和安全提供了新的科技手段，网络系统已经成为关键基础设施乃至整个经济社会的神经中枢。然而，随着网络攻击技术的快速发展和攻击工具自动化程度的不断提高，我国关键信息基础设施安全防护形势严峻，面临的安全风险日益突出。首先，关键信息基础设施行业特点显著，各行业安全防护能力差异明显，安全防护体系建设任务重、难度大；其次，针对关键信息基础设施的攻击不仅能导致网络安全事件，还能进一步破坏基础设施安全，危害国家安全；最后，对于有组织、大规模的攻击行为，关键信息基础设施运营者难以依靠自身安全能力开展防护，需通过国家层面建立信息共享机制，形成联防联控，进而实现有效应对。我国网络安全整体防护能力还不强，基础信息技术水平较为薄弱，存在安全隐患风险，一旦网络遭受攻击破坏、发生重大安全事件，将导致能源、交通、通信、金融等基础设施瘫痪，造成生产停滞、设备损坏和巨大经济损失；造成断水、断电、断热、断气等危害，严重影响人民的日常生活；造成火灾、爆炸，破坏生态环境，甚至危害人民群众的人身安全；还会造成敏感数据的泄露，危及国家经济安全和公共利益。

(四)网络违法犯罪呈现高发态势，破坏我国社会安全

近年来，信息技术的迅猛发展为恐怖主义、分裂主义、极端主义等势力提供了破坏的"土壤"，他们利用网络煽动、策划、组织和实施暴力恐怖活动，直接威胁人民生命与财产

安全，影响社会秩序，对公共利益带来重大危害。例如，2018 年 12 月，江西省国家安全厅协同公安机关侦破境内"法轮功"非法入侵个人移动通信设备案。"法轮功"分子利用智能手机和无线路由器通过设置名称为"10086"的免费 Wi-Fi（让群众误认为是中国移动的公共热点）宣传"法轮功"，将其视频、图片等快速传输给连接 Wi-Fi 的手机，并窃取用户隐私数据，危害公民利益和社会安全。

此外，计算机病毒、木马程序在网络空间传播蔓延，致使网络欺诈、黑客攻击等现象大量存在。中国司法大数据研究院发布的《网络犯罪特点和趋势（2016.1—2018.12）》专题报告显示，2016—2018 年，全国各级法院一审审结的网络犯罪案件共计 4.8 万余件，在全部刑事案件总量中的占比为 1.54%，案件数量和占比均呈逐年上升趋势。2016 年网络犯罪案件占当年刑事拓展资料案件的 1.15%；2017 年案件数量同比上升 32.58%，占比上升 0.24 个百分点；2018 年案件显著增加，同比升幅为 50.91%，占比继续上升 0.63 个百分点。犯罪团伙利用网络漏洞肆意窃取用户信息或企业秘密，侵犯知识产权，严重损害个人、企业利益，对国家安全、社会稳定运行带来重大危害，影响社会和谐稳定。

网络空间机遇和挑战并存，我们在最大限度利用网络空间发展潜力惠及广大民众的同时，也应依法管理，确保网络安全。习近平曾指出，中国是网络安全的坚定维护者，中国也是黑客攻击的受害国。中国政府不会以任何形式参与、鼓励或支持任何人从事窃取商业秘密行为。不论是网络商业窃密，还是对政府网络发起黑客攻击，都是违法犯罪行为，都应该根据法律和相关国际公约予以打击。国际社会应该本着相互尊重和相互信任的原则，共同构建和平、安全、开放、合作的网络空间。①

三、"研一研"：怎么办

没有网络与信息安全就没有国家安全，就没有经济社会的稳定，广大人民群众的利益也就难以得到保障。由于信息技术的发展对于国家的经济和社会发展具有重大而特殊的影响，因此随着经济和社会发展向信息化迈进，网络和信息安全开始成为一个全球性的重大现实问题，成了国家安全系统中的一个全新领域，引起世界的高度关注。

（一）树立科学的网络安全观

维护网络安全已成为维护国家安全不可缺少的重要组成部分。针对这个问题，习近平指出，"要从国际国内大势出发，总体布局，统筹各方，创新发展，努力把我国建设成为网络强国""没有网络安全就没有国家安全，没有信息化就没有现代化"②。网络安全和信息化是一体之两翼、驱动之双轮，需要统一谋划、整体推进、合力实施，不断提高维护网络与信息安全的能力。

---

①中共中央党史和文献研究院. 习近平关于总体国家安全观论述摘编[M]. 北京：中央文献出版社，2018：166-167.

②习近平谈治国理政[M]. 北京：外文出版社，2014：197-198.

在网络空间这个战略博弈和军事角力的新领域，维护国家网络空间安全最迫切需要解决的是观念更新问题。正如习近平总书记所指出的："从世界范围看，网络安全威胁和风险日益突出，并日益向政治、经济、文化、社会、生态、国防等领域传导渗透。特别是国家关键信息基础设施面临较大风险隐患，网络安全防控能力薄弱，难以有效应对国家级、有组织的高强度网络攻击。这对世界各国都是一个难题，我们当然也不例外。"[①]网络安全风险的实质是设计 IT 系统不能穷尽所有逻辑组合，必定存在逻辑不全的缺陷。因此，利用缺陷挖掘漏洞进行攻击是网络安全永恒的问题。

在严峻的网络安全形势下，建设网络强国、夯实网络安全基础，首先需要树立科学的网络安全观。当今的网络安全，有几个主要特点。一是网络安全是整体的而不是割裂的。在信息时代，网络安全对国家安全牵一发而动全身，同许多其他方面的安全都有着密切关系。二是网络安全是动态的而不是静态的。信息技术变化越来越快，过去分散独立的网络变得高度关联、相互依赖，网络安全的威胁来源和攻击手段不断变化，那种依靠装几个安全设备和安全软件来保障安全的想法已不合时宜，需要树立动态、综合的防护理念。三是网络安全是开放的而不是封闭的。只有立足开放环境，加强对外交流、合作、互动、博弈，吸收先进技术，网络安全水平才会不断提高。四是网络安全是相对的而不是绝对的。没有绝对安全，要立足基本国情保安全，避免不计成本追求绝对安全，那样不仅会背上沉重负担，甚至可能顾此失彼。五是网络安全是共同的而不是孤立的。网络安全为人民，网络安全靠人民，维护网络安全是全社会的共同责任，需要政府、企业、社会组织、广大网民共同参与，共筑网络安全防线。这几个特点，各有关方面要好好把握。我们要克服传统观念的偏见，摒弃重视实体空间安全而不重视虚拟空间安全的传统观念。当前，在日益激烈的网络空间安全战略博弈中，敌强我弱的态势没有根本改变，我国的核心技术仍然受制于人。面对永恒的网络空间安全风险，只有牢固树立科学的网络安全观，积极提高网络空间安全维护能力，不断提高网络空间系统的主动免疫能力，才能确保网络空间安全。

(二) 加强网络空间综合治理

要加强网络综合治理，形成从技术到内容、从日常安全到打击犯罪的网络治理合力。从我国情况看，网络和信息安全涉及国家和社会多个方面，对很多领域都是牵一发而动全身，具有全面性、综合性、系统性、战略性。因此，需要有关部门统筹协调各个领域的网络安全和信息化重大问题，制定实施国家网络安全和信息化发展战略、宏观规划和重大政策，整合相关机构职能，加大依法管理网络力度，形成从技术到内容、从日常安全到打击犯罪的互联网管理合力，不断增强安全保障能力。为此，应重点加强以下几方面建设。

一是坚持依法治网。随着网络技术的日新月异和应用的迅速发展，网络信息技术广泛运用于国家政治、经济、社会、军事等各方面管理中，各国都在加速构建各自的网络与信息安全保护体系。《中华人民共和国国家安全法》第二十五条规定："国家建设网络与信息安全保障体系……加强网络管理、防范、制止和依法惩治网络攻击、网络入侵、网络窃

[①]习近平. 在网络安全和信息化工作座谈会上的讲话[M]. 北京：人民出版社，2016：15-16.

密、散布违法有害信息等网络违法犯罪行为，维护国家网络空间主权、安全和发展利益。"要采取有效措施，全面推进网络空间法治化，要健全网络安全法律法规体系，制定网络安全法、未成年人网络保护条例等法律法规。要加快构建法律规范、行政监管、行业自律、技术保障、公众监督、社会教育相结合的网络治理体系，推进网络社会组织管理创新，健全基础管理、内容管理、行业管理以及网络违法犯罪防范和打击等工作联动机制。

案例3：滴滴被处80.26亿元罚款

★ 微视频

2022年7月21日，国家互联网信息办公室公布对滴滴全球股份有限公司依法作出网络安全审查相关行政处罚的决定。

滴滴被处80.26亿元罚款

根据相关通报，滴滴共存在16项违法事实，"情节严重、性质恶劣"。滴滴被处80.26亿元罚款，可谓"从严从重"。

重罚背后是严重违法，严重影响网络安全。国家互联网信息办公室在通报中讲得十分明确：经查实，滴滴公司违反《中华人民共和国网络安全法》《中华人民共和国数据安全法》《中华人民共和国个人信息保护法》的违法违规行为事实清楚、证据确凿、情节严重、性质恶劣，应当从严从重予以处罚。

网络安全，是防线也是底线。没有网络安全就没有国家安全，就没有经济社会稳定运行，广大人民群众利益也难以得到保障。然而，随着互联网的广泛应用，网络安全问题越来越突出。近年来，"网络安全""数据安全""个人信息保护"屡屡成为热点话题，引发广泛关注。我国是互联网应用大国，各类互联网平台众多，几乎覆盖了人们吃穿住行等方方面面。这些平台或掌握了海量的公民个人数据，或在一个领域内掌握具有垄断性的用户信息。这些数据或信息一旦发生泄漏，将严重危害公民个人安全，甚至是国家安全。

事实上，相关部门在对滴滴的网络安全审查中，的确发现了不少问题，仅目前公布的事实已经令人触目惊心。据悉，还有部分问题因涉及国家安全，依法不公开。

（摘自搜狐网 https://www.sohu.com/a/570062639_267106? code＝weed3yn2mhb＆editor＝％E5％BB％96％E6％B3％BD％E5％AE％87％20 UN962，有删改）

案例剖析：依法管网治网，才能筑牢网络安全防线。近年来，国家不断加强对网络安全、数据安全、个人信息的保护力度，先后颁布了一系列法律法规。网信部门依法加大网络安全、数据安全、个人信息保护等领域执法力度，依法打击危害国家网络安全、数据安全、侵害公民个人信息等违法行为，切实维护国家网络安全、数据安全和社会公共利益，有力保障广大人民群众合法权益。

此次，相关部门依法处罚滴滴，使用法律的手段维护网络安全，维护国家与人民的利益，也是在为企业发展营造良好的法治环境。唯有通过法律的手段规范发展，才能让互联网企业在规范中获得更长远的发展。

二是维护国家网络主权安全。网络主权是国家主权在网络空间的体现和延伸，网络主权原则是我国维护国家安全和利益、参与网络国际治理与合作所坚持的重要原则。一些西方主要国家为维护网络空间主权，很早就制定了法律法规，并将维护网络安全纳入了国家安全战略。《中华人民共和国国家安全法》首次以法律的形式明确提出"维护国家网络空间主权",向全世界展示我国维护网络安全和发展利益的坚定决心。要根据宪法和法律法规管理我国主权范围内的网络活动,切实维护国家网络空间主权、安全和发展利益。坚决防范和打击通过网络颠覆国家政权、破坏国家安全的一切行为。

三是加速推动信息领域核心技术突破。坚持自力更生、自主创新,加速推动信息领域核心技术突破。信息安全技术滞后于信息网络技术的发展,已成为影响信息安全的一个重要方面。突破并掌握核心技术既是建设网络强国的重要内容,也是建设网络强国的必由之路。我们要掌握网络空间发展主动权,保障互联网安全、信息安全,就必须突破核心技术这个难题,通过自主创新和开放创新的有机结合,奋力赶超世界互联网技术的先进水平。因此,要在技术、产业、政策上共同发力,充分激发创新活力,加大新兴技术研发力度,加速推动网络空间核心技术突破。其中,微电子技术、系统软件技术、巨型计算机技术是必须掌握的核心技术。同时,要高度重视信息应用技术的研究和开发。当前,我国应重点掌握的网信核心技术,主要包括集成电路制造(即芯片制造)、工艺和设计工具以及大型软件(如 EDA、CAD/CAM 等工业软件)等方面,还需要大力加强,尽快实现自主生产。

四是建立网络安全审查制度。建立网络安全审查制度,加强网络安全预警监测,切实保障国家数据安全,切实维护国家网络空间主权安全。目前,我国网络空间发展中比较缺乏行之有效的安全检查、保护技术措施,信息防范技术的发展比较滞后,这是一些黑客利用网络实施入侵并导致经济、军事等安全问题频繁发生的重要原因。近年来,我国政府部门、机构、企业、大学、科研院所及电信主干网络遭受大规模的入侵、监听。《中华人民共和国国家安全法》第五十九条规定,对影响或者可能影响国家安全的网络信息技术产品和服务进行安全审查。加强供应链安全管理,对关系国家安全和公共利益的信息系统中使用的重要信息技术产品和服务开展安全审查,提高产品和服务的安全性和可控性,防止产品服务提供者和其他组织利用信息技术优势实施不正当竞争或损害用户利益。

(三)加强关键信息基础设施网络安全防护

网络信息基础设施是一个国家重要的战略资源,对于一个国家而言,倘若网络信息关键基础设施被控制、威胁、攻击或者破坏,国家整个网络系统的安全必然受到威胁。国民经济中包括金融、能源生产储备、粮油生产储备、水电气供应、交通运输、邮电通信、广播电视、商业贸易等国家关键基础设施,在信息化条件下,都离不开支持这些设施运作的网络信息系统技术。

关键信息基础设施技术的安全性如何,关系到国家安全,也是国家网络和信息安全技术应该发展与监控的重点。从国家经济和社会层面来看,中国的网络关键基础设施信息系统发展较晚,整体技术相对落后,抗外部入侵和攻击能力较弱。金融、能源、电力、通信、交通等领域的关键网络信息基础设施是经济社会运行的神经中枢,也是可能遭到重点攻击的目标。因此,要加快构建高速、移动、安全的新一代网络和信息基础设施,应当大力完善国家信息化、网络化基础设施建设,努力发展独立自主的网络信息安全产品,减少对信息技术强国的依赖,使我国努力在全球信息网络化的发展中占据主动地位。坚持技术和管理并重、保护和震慑并举，着眼识别、防护、检测、预警、响应、处置等环节，建立关键信息基础设施保护制度，在管理、技术、人才、资金等方面加大投入，依法综合施策，切实加强关键信息基础设施安全防护。

(四)构建军民融合的网络空间国防体系

充分发挥我国制度优势，推进我国网络空间安全力量军民融合式发展，科学构建军民联动、平战结合的国家网络空间安全防御体系。网络空间具有"平战结合、军民一体"的特点，决定了网络空间安全体系必须采取军民融合发展模式。应充分发挥制度优势和网络大国的优势，积极推动网络空间作战力量的军民融合发展，充分吸纳军队、地方专业技术力量以及孕育在民间的网络攻防人才，形成国家统一指挥体制下的各方"主力军"和"游击队"相结合的力量体系；通过完善构建军民融合的组织领导、规划计划、协同创新和产业发展的国家网络空间安全体系，推动军民两用网络信息技术的发展，优化军民两用网络信息产业布局，加快形成"既能驰骋市场，又能决战沙场"的信息科技产业基础；建立完善军民融合网络国防动员体系，明确网络空间安全军民联动体制和运行机制，推动军民融合的网络空间行动联合演习，积极探索如何在网络空间中发挥人民战争威力，凝聚制衡强敌、反对霸权的巨大能量，实现我国由网络大国向网络强国的飞跃。

(五)积极推进网络空间国际合作

网络的开放性、跨国性决定了网络安全是全球各国普遍面临的挑战，单靠一国之力难以有效应对，维护网络安全是国际社会的共同责任。随着网络的国际化发展，网络管理和安全问题已成为一个国际问题。因此，要加强国际交流和协作，并制定一系列相关的国际性公约，在全球范围内来治理网络安全问题，以共同维护国际互联网的安全。

建立网络空间国际新秩序。习近平总书记指出："当今世界，互联网发展对国家主权、安全、发展利益提出了新的挑战，必须认真应对。虽然互联网具有高度全球化的特征，但每一个国家在信息领域的主权权益都不应受到侵犯，互联网技术再发展也不能侵犯他国的信息主权。在信息领域没有双重标准，各国都有权维护自己的信息安全，不能一个国家安全而其他国家不安全，一部分国家安全而另一部分国家不安全，更不能牺牲别国安全谋求自身所谓绝对安全。国际社会要本着相互尊重和相互信任的原则，通过积极有效的国际合作，共同构建和平、安全、开放、合作的网络空间，建立多边、民主、透明的国际互联网治理体系。"[①]构建网络空间国际新秩序，应重点把握以下几方面：一是通过加强同各国的双边、多边网络安全对话交流和信息沟通，阐明我国网络空间治理主张；二是积极参与全球和区域组织网络安全合作，增进共识、消除误解，营造良好的网络安全外部环境；三是深入参与、积极引导网络空间国际规则制定进程，增强我国网络空间国际话语权和影响力，共同构建网络空间命运共同体；四是继续深化在政策法律、技术创新、标准规范、应

---

①习近平. 弘扬传统友好 共谱合作新篇[N]. 人民日报，2014-07-18(1).

急响应、关键信息基础设施保护、打击网络犯罪、网络反恐等领域的国际合作；五是积极参与国际互联网治理体系改革，推动 IP 地址、根域名服务器等基础资源管理国际化；六是加强对发展中国家和落后地区互联网技术普及和基础设施建设的支持援助，努力消除数字鸿沟。

任务三　实际操作训练

1. 以"网络空间不是'法外之地'"为主题写一篇调查报告。
2. 请剖析以下案例并分享给同学、朋友等。

案例 4：美方对我国的 APT 活动

2020 年 3 月 3 日，业界厂商发布报告，称发现了美国中央情报局 CIA 攻击组织（APT-C-39）对中国关键领域长达 11 年的网络渗透攻击，经分析验证，此组织即 Lamberts 组织。3 月 5 日，微步在线发布《CIA 下属网络间谍组织 Lamberts 相关木马分析》。Lamberts 攻击活动跨度从 2008 年 9 月至 2019 年 6 月，我国航空航天、科研机构、石油行业、大型互联网公司以及政府机构等多个单位曾遭到不同程度的攻击，受害者主要分布在北京、广东和浙江等地。此外，通过情报关联，发现 CIA 前雇员 Joshua Adam Schulte 曾直接参与研发了网络武器 Vault7，且攻击时间吻合，进一步证明攻击来源为 CIA。

（摘自新浪科技 https://tech.sina.com.cn/roll/2020-03-04/doc－iimxxstf6410323.shtml，有删改）

项目七

生态安全

任务一　典型案例透视

案例1：刘崇喜"劝退"沙漠10公里

1985年，大学毕业不久的刘崇喜离开机关办造纸厂，已经扭亏为盈的造纸厂由于污染严重被曝光，勒令整改。在整改时他竟提出"不再向黄河排一滴污水"的豪言壮语。

刘崇喜的誓言使数千职工大惊失色：投入数千万元建设的污水处理系统，每天光向治污池投放药物就需18万元，他不是要把企业整死吗？

其实，刘崇喜的誓言却是经过长期调查研究后走的另一条生态治污的路子。他派出500台推土机，推平两万多座沙丘，采用方格麦秸秆治沙的方法植树。他规定职工每人每年必须种500棵树，并身先士卒，带领数千职工，睡在沙坡下，吃在风沙里，一棵一棵种树。

刘崇喜的造纸厂用了7年时间，投入4.8亿元，种树50万亩（333.33平方千米），修了200多千米路，铺管道筑渠20千米，引黄河水流入林区，修了5个人工湖，使这个年降雨量180毫米蒸发量却高达1 900多毫米的大沙漠，出现了绿树连绵的林区、水鸟成群的湖泊！

建成的工业园，树木造纸，污水处理后排到湖里，竟可以直接饮用。用湖水浇灌树林，形成良性循环体系，这片林子5年可收回成本。

更可贵的是，这片林区把腾格里大沙漠整整"劝退"了10公里，造福一方百姓，可谓是经济效益和生态效益得到了双赢，他的企业也成了我国西部最大的造纸企业。

（摘自中外好人网 http://www.chinahaoren.cn/Articlebody-detail-id-111.html，有删改）

案例剖析：刘崇喜的事迹给我们维护生态安全提供了一个非常好的范例。维护生态安全是加强生态文明建设的应有之义，是必须守住的基本底线。同时也印证了习近平总书记"绿水青山就是金山银山"这一至理名言。

任务二　理论知识学习

一、"谈一谈"：是什么

生态安全，是指一个国家具有支撑国家生存和发展的较为完整、不受威胁的生态系统，以及应对内外重大生态问题的能力。

作为国家安全体系的重要基石，生态安全包括水安全、土地生态安全、大气安全、生物物种安全等方面。

（一）水安全

水安全，包括水量保障安全、水质安全、水污染的防治等内容。水是生命之源、生产之要、生态之基，水安全是人类和社会经济可持续发展的条件，实现水安全是人类社会的共同目标。

水安全要求以保护水资源和水环境为基础，与水资源承载力、水环境承载力相协调，保障水量安全；要求水质满足清洁和健康的要求，满足生活和生产的需要，特别是饮用水的水质要达标；要求人们放弃传统的高消耗、高增长、高污染的粗放型生产方式，抵制高消费、高浪费的生活方式，防止水资源浪费和水体遭到严重污染。从自然条件上看，我国地形地貌复杂多样，水资源人均占有量低且时空分布不均；工业化、城镇化的快速发展以及全球气候变化等因素使得水生态损害、水环境污染等水安全问题更加突出。我国政府高度重视水安全问题，党的十八大以来，更是深化重点领域水利改革，大力推动水生态文明建设。"十四五"时期，我国将建设集水灾害防控、水资源调配、水生态保护功能于一体的国家水网，加快完善水利基础设施体系，解决水资源时空分布不均问题，提升国家水安全保障能力。

（二）土地生态安全

土地生态安全，包括预防土地污染、退化，使土壤功能免受破坏等内容。土地是人类生存、生活和生产的物质基础，也是最重要的自然资源之一。在社会发展过程中，土壤污染通常是因为人为因素导致某种物质进入陆地表层土壤，引起土壤化学、物理、生物等方面特性的改变，影响土壤功能和有效利用，危害公众健康或者破坏生态环境的现象。与水污染相比，土壤污染具有隐蔽性、潜伏性和滞后性的特征，是我国污染防治攻坚战中最难缠的"看不见的敌人"。

近几十年，随着城镇化的快速推进，土壤污染的现象日益严重，如"垃圾围城"已经成为当前社会发展之痛，垃圾在处理过程中如果被简易地堆放或填埋，会导致土壤和地下水体的污染。2019年1月1日正式实施的《中华人民共和国土壤污染防治法》的立法宗旨正是保护和改善生态环境，防治土壤污染，保障公众健康，推动土壤资源永续利用，推进生态文明建设，促进经济社会可持续发展。因此，必须守住土壤环境的安全底线，构建我国生态安全屏障。

（三）大气安全

大气安全，包括有效治理大气污染并对气候变化的威胁作出预警等。在自然生态系统中，大气是最活跃的因素，是自然生态系统状况的综合反映，也是人类赖以生存和发展的基础。20世纪以来，人类社会经历了历史上最大规模的城镇化与工业化发展，大气污染及全球变暖问题随之而来。气候变化最直接的影响是导致一些极端、恶劣天气的多发，并会对水资源、自然生态系统、海岸带等造成破坏，对农业、工业、服务业、交通业、能源电力等行业和部门产生直接或间接影响，严重威胁着人类生存和发展。我国气候环境条件复杂多样，当前又正值经济发展和基础建设的关键时期，可能会导致严重的大气污染。例如，由于工业排放日益增多，京津冀地区曾多次发生大范围、长时间的大气污染。雾霾作为一种较为严重的灾害性天气现象，不仅会对交通运输和人体健康带来较大影响，甚至还会影响到生产和社会稳定等。党的十八大以来，我国坚决向大气污染宣战，发布蓝天保卫战的行动计划，生态环境质量得到持续改善。"十三五"时期，京津冀三地空气质量得到大幅度改善，2019年细颗粒物（PM2.5）年均浓度与2015年相比下降33%，区域共享空气质量改善的成果，其他城市空气质量也有明显好转。党的二十大报告提出，加强污染物协同控制，基本消除重污染天气。展望未来，我国仍将坚定不移加强应对气候变化与环境治理、生态保护修复协同增效，积极参与全球气候治理，推进生态文明建设。

（四）生物物种安全

生物物种安全，包括保护生物物种的多样性，严防外来物种的入侵，防止生态服务功能退化等。生物多样性是人类生存和社会发展的基础，是生态文明建设和民族永续发展的保障。

我国是世界上生物物种最丰富的国家之一，但目前，在气候变化、土壤污染和人为干扰等多重环境压力下，我国正面临生物栖息地丧失、生物多样性下降的严峻局面，同时外来入侵生物危害不断加剧、生态服务功能不断退化。随着我国对外经济贸易的不断发展，新兴业态不断涌现，全国进境口岸截获的外来有害生物也呈现出种类批次增多、蔓延范围扩大、危害加剧的特点。外来物种通过改变生态系统所带来的一系列水土、气候等不良影响，会打破自然平衡，改变或破坏当地的生态环境，对国民经济、人类健康和生态安全造成巨大危害。为此，我国2007年编制了《全国生物物种资源保护与利用规划纲要》，明确了生物物种资源保护的重点领域和优先行动，保护生物物种多样性，维护整个生态系统平衡。

二、"议一议"：为什么

近年来，随着我国经济社会发展方式、居民消费方式的逐步改变，能源消费和资源消耗的日渐放缓，二氧化碳和其他污染物的排放量不断减少，这为改善生态环境破坏、维护生态安全提供了难得的机遇。2017 年 2 月，生态环境部与中国科学院对我国 31 个省、自治区、直辖市和新疆生产建设兵团 2010—2015 年的生态国情进行了调查评估，结果显示，经过生态文明建设的深入展开，我国生态保护和恢复成效明显，生态状况总体呈改善趋势。但同时，作为一个领土和人口大国，我国的生态环境问题仍然十分严峻，生态破坏、环境污染问题仍然存在，生态安全面临的形势仍然复杂和棘手。

(一)水土流失，土地沙漠化、退化严重

我国是世界上水土流失最严重的国家之一。我国耕地开发利用强度过大，部分地方地力严重透支，土壤退化，加上一些地区长期干旱缺水，阳光曝晒，使地表植被不断减少，形成裸露土地，为沙漠化的形成和发展提供了沙源，而风力侵蚀、石漠化又加强了土地的沙化。根据 2018 年水土流失动态监测结果，全国水土流失面积 273.69 万平方千米。其中，水力侵蚀面积 115.09 万平方千米，风力侵蚀面积 158.60 万平方千米。在过去 50 年，因水土流失损毁的耕地近 300 万公顷，严重影响了农业生产。根据第五次全国荒漠化和沙化监测结果，全国荒漠化土地面积为 261.16 万平方千米，沙化土地面积为 172.12 万平方千米。根据岩溶地区第三次石漠化监测结果，全国岩溶地区现有石漠化土地面积 10.07 万平方千米。土地的流失和沙化已经成为制约农业可持续发展的重要因素。

(二)水资源严重短缺

根据水利部网站数据，我国水资源占世界水资源总量的 8%，位居世界第六，但人均水资源只有 2 300 立方米，仅为世界平均水平的 25%，在世界上名列第 121 位，接近中度缺水水平。当前阶段，我国有 2/3 的城市出现供水不足，近百个城市严重缺水，3 亿多农村人口饮水尚未达到卫生标准。2016 年 12 月，中国社会科学院城市发展与环境研究所发布的《饮水安全与环境卫生可持续管理》显示，海河、黄河、辽河流域的水资源开发利用率分别达到了 106%、82%、76%，西北内陆河流开发利用已接近甚至超出水资源承载能力。

2016 年，习近平在宁夏考察时讲到，黄河是中华民族的母亲河。现在，黄河水资源利用率已高达 70%，远超 40% 的国际公认的河流水资源开发利用率警戒线，污染黄河事件时有发生，黄河不堪重负。水污染更是加剧了我国水资源的短缺，448 个日排污水量大于 100 立方米的直排海污染源监测结果显示，污水排放总量约 801 089 万吨。从不同类型污染源来看，综合排污口污水排放量最大，其次为工业污染源，生活污染源排放量最小。

(三)森林、草原等灾害频发

我国森林覆盖率和单位面积蓄积量远低于世界平均水平，且自然灾害严重。2023 年《中国生态环境状况公报》统计数据显示，2023 年，全国主要林业有害生物发生面积 1 092.3 万公顷，比 2022 年下降 8.1%。全国共发生森林火灾 328 起，受害森林面积 4 134.9 公顷。此外，全国草原有害生物危害面积为 5.93 亿亩。全国共发生草原火灾 15 起，受害草原面积约 143 366 公顷。森林、草原受灾及退化导致生态系统功能的紊乱、失调和衰退。

（四）生物多样性受到威胁，外来物种不断入侵

中国具有地球陆地生态系统的各种类型，其中森林 212 类、竹林 36 类、灌丛 113 类、草甸 77 类、草原 55 类、荒漠 52 类、自然湿地 30 类；有红树林、珊瑚礁、海草床、海岛、海湾、河口和上升流等多种类型的海洋生态系统；有农田、人工林、人工湿地、人工草地和城市等人工生态系统。但是，受人类活动干扰，特别是各地违法开发建设对野生动植物栖息地的严重影响，我国受威胁物种日渐增多。

2023 年《中国生态环境状况公报》对全国 39 330 种已知高等植物的评估结果显示：需要重点关注和保护的高等植物有 11 715 种，占评估物种总数的 29.8%，其中受威胁的 4 088 种、近危等级（NT）的 2 875 种、数据缺乏等级（DD）的 4 752 种。对 4 767 种已知脊椎动物（除海洋鱼类）的评估结果显示：需要重点关注和保护的脊椎动物 2 816 种，占评估物种总数的 59.1%，其中受威胁的 1 050 种、近危等级的 774 种、数据缺乏等级的 992 种。对 9 302 种已知大型真菌的评估结果显示：需要重点关注和保护的大型真菌 6 538 种，占评估物种总数的 70.3%，其中受威胁的 97 种、近危等级的 101 种、数据缺乏等级的 6 340 种。

同时，外来物种不断入侵我国，对自然生态系统平衡和本土物种基因构成严重威胁。2020 年《中国生态环境状况公报》的数据显示：全国已发现 660 多种外来入侵物种，遍及各个省市，几乎涉及所有生态系统。其中，71 种对自然生态系统已造成或具有潜在威胁，并被列入《中国外来入侵物种名单》。拓展资料对 69 个国家级自然保护区外来入侵物种调查结果表明，219 种外来入侵物种已入侵国家级自然保护区，其中 48 种外来入侵物种被列入《中国外来入侵物种名单》。生物多样性丧失深刻改变着人类生存环境，影响着生态系统的稳定。

（五）气候变化威胁人类生存发展

近年来，随着世界经济的快速发展，全球温室气体排放量急剧攀升，受气候变化影响，我国陆地平均增温 0.9℃～1.5℃。《中国生态环境状况公报》显示：2023 年，全国平均气温 10.71℃，较常年偏高 0.82℃，为 1951 年以来历史最高。全国 31 个省（市、自治区）气温均偏高，其中山东、辽宁、新疆、贵州、云南、天津、湖南、河北、四川、北京、河南、内蒙古、广西为 1961 年以来历史最高。

（六）城乡人居环境恶化

环境污染会造成工农业生产能力和人民生活水平的下降，主要问题有：地表水、地下水污染威胁城市饮用水水源；土壤重金属超标量大，威胁生产生活和生态系统；空气污染导致雾霾天气频发，酸雨覆盖面广。以我国出现的酸雨现象为例，2023 年，酸雨区面积约 44.3 万平方千米，占陆域国土面积的 4.6%，其中较重酸雨区面积占国土面积的 0.04%。酸雨主要分布在长江以南—云贵高原以东地区，主要包括浙江大部分地区、福建北部、江西中部、湖南中东部、广西东北部和南部。我国酸雨天气虽比往年有所减缓，但仍是世界三大酸雨地区之一。酸雨威胁着我国生产生活和生态系统。

三、"研一研"：怎么办

维护我国生态安全，坚持人与自然和谐共生，需要做好以下几方面工作。

（一）完善国家生态安全法律法规建设

法治建设是社会进步的重要标志，也是国家实现生态安全的必要保障。维护生态安全必须依靠制度、依靠法治，只有实行最严格的制度、最严密的法治，才能为生态文明建设提供可靠保障。一方面，必须加强立法工作，做到有法可依、依法行政。在现有各类法律法规基础上，立足国家生态安全需求，健全具有中国特色的国家生态安全法律支撑体系。另一方面，要加强执法工作，严厉打击破坏生态环境的违法行为。对于事关国家生态安全的重大事件，要开展多部门联合执法。

（二）加快国家生态安全体制机制建设

2015年9月，中共中央、国务院出台了《生态文明体制改革总体方案》，为增强生态文明体制改革的系统性、整体性和协同性提供了重要遵循。为确保国家生态安全战略顺利实施，必须加强体制机制建设，整合相关组织机构，明确各部门职责。国家层面需要建立有效的监督考核与问责机制，确保国家生态安全战略实施的效果；各级党委和政府必须对本辖区的生态安全状况全权负责，将国家生态安全工作纳入国民经济和社会发展规划，并且将其作为考核领导干部政绩的指标之一，由于干部失职、渎职给国家造成重大损失和严重后果的，要依法追究责任。

（三）加强国家生态安全评估预警体系建设

随着科技的发展，保障国家生态安全需要技术的有效支撑。要充分挖掘和运用大数据，综合采用空间分析、信息集成等前沿技术，建立国家生态安全综合数据库，通过对生态安全现状及动态的分析评估，预测未来国家生态安全情势及时空分布信息。同时要定期对生态风险开展全面、科学的调查评估，加强对具有潜在性生态问题事件的预判。完善并健全多级联动的突发环境事件应急措施，有效管控生态环境问题引发的社会舆论和公共危机。在此基础上，构建国家天地一体化的生态安全监测预警和评估体系，建立警情评估、发布和应对平台，充分保障我国生态安全。

（四）加大生态保护和修复工程

生态修复是一项系统工程，要实施重要生态系统保护和修复重大工程。党的十九大报告强调，优化生态安全屏障体系，构建生态廊道和生物多样性保护网络，提升生态系统质量和稳定性。一方面，要完成生态保护红线、永久基本农田、城镇开发边界三条控制线划定工作。例如，要严格保护耕地，扩大轮作休耕试点，健全耕地、草原、森林、河流、湖泊、休养生息制度，建立市场化、多元化生态补偿机制。另一方面，开展国土绿化行动，推进荒漠化、石漠化、水土流失综合治理，强化湿地保护和恢复，加强地质灾害防治，进而推进山川焕颜、水土重生，形成人与自然和谐共生新格局。

(五)推进重点环境问题治理

保护生态环境必须采取严厉而有效的措施。具体而言，要实施大气污染综合防治，推进清洁生产和节能减排，严控多种大气污染物排放量，以改善大气环境质量；必须完善国家土壤环境的监测网络，加大土壤重金属污染治理修复力度，强化农产品产地安全和污染场地开发利用监管；要针对重点环境问题，整合现有各类重大工程，构建生态保护、经济发展和民生改善的协调联动机制，充分提升人力、物力、资金的使用效率，朝着蓝天净水的目标不断前进。

(六)提高全民生态文明意识，培育绿色生活方式

维护国家生态安全，改善生态环境质量，需要全社会的积极参与和共同努力。要健全举报、听证、舆论和公众监督等制度，构建全民参与的社会行动体系，发挥民间组织和志愿者的积极作用。在树立生态文明意识方面，应充分发挥新媒体的作用，加强资源环境的国情宣传，普及生态文明的法律法规，提高公众的节约意识、环保意识和生态文明意识，将生态安全教育作为素质教育的重要内容，纳入国民教育体系和干部教育体系，使生态文明建设成为社会主流价值观之一。同时，倡导勤俭节约的消费观，大力推行绿色生活方式，坚决抵制和反对各种形式的铺张浪费，使每一个公民都有生态安全意识，履行保护生态环境的基本义务。

(七)积极开展并参与国际生态环境治理

生态环境问题的全球性特征，使生态安全的实现在很大程度上取决于国际社会的合作程度。晋代葛洪所著《抱朴子·务正》记载："众力并，则万钧不足举也。"我国一直倡导并积极参与国际生态环境合作，如完善"一带一路"生态环境的合作机制，积极推进共建"一带一路"国家在环保基础设施建设、绿色低碳技术、装备与产业方面的合作，与全球多个国家签订双边环境保护协定，共同参与生态安全的立法。在应对全球气候变暖和极端天气方面，积极与国际社会合作，分享最新获取的数据、共同研究商讨对策。中国作为一个负责任的世界大国，积极参与全球生态环境治理，完善国际生态治理体系和规则，并认真落实各项国际公约的规定，维护我国生态安全，努力实现合作共赢。

任务三 实际操作训练

1. 以本地某一外来物种入侵对我国生态安全造成威胁为例，谈谈如何防治外来物种入侵。

2. 请剖析以下案例并分享给同学、朋友等。

案例 2：江西：外来入侵植物水葫芦暴发 万余人次打捞 6.18 万吨

一些外来物种通过侵入新环境后，如果没有天敌的控制，凭借旺盛的繁殖力和强大的竞争力，便会排挤环境中的原生种，破坏当地生态平衡。近年来，外来入侵物种已成为影响我国生物多样性和生态系统功能的重要因素。近期，水葫芦等多种外来生物在江西多地生长频发，造成了不小麻烦。

2021 年 11 月，江西省内多地水葫芦暴发生长，并沿着河道和湖泊漂流生长，不计其数。在江西万安窑头镇通津村通津河段，部分水面已被水葫芦铺满。由于水葫芦生长速度极快，大面积覆盖在水面上，使水体得不到光照并影响水体流动，容易造成水质和环境污染。对此，当地组织了党员干部进行紧急清理。

万安窑头镇通津村党总支书记彭四平：上半年我们组织了人员专门清理了一次，现在，它又长起来了，而且发展速度比较快，如果不及时清理，到明年春上，它就会覆盖整个河道，造成河道大面积的淤积堵塞，影响河道的防汛和我们村民的生产、生活用水。

在江西上高县锦江河、秀溪河等水域，1.5 公里长的水道被水葫芦覆盖。由于水葫芦生长迅猛限制了水体流动，造成了河道阻塞，当地还使用了专业除草船进行集中打捞清理。

江西省上高县芦洲乡田溪村党支部书记杨文华：我们这个船每个小时作业的话，水面面积大概是 1 000 平方米。主要是把那个水葫芦全部粉碎后可以减少很多劳力，粉碎以后我们全部把它打捞上来。

水葫芦又名凤眼莲，原产于巴西，1901 年从日本引入中国台湾作花卉，20 世纪 50 年代作为猪饲料推广后大量逸生，适应环境能力很强。今年以来，江西多地持续干旱少雨，河流流速减缓，水质易富营养化的特点给水葫芦的生产提供了便利，造成水葫芦大量生长。对此，11 月 11 日，江西省水利厅对全省各地下发通知，要求各地组织相关力量，会同相关部门对所有水域的水葫芦进行全面的排查和清捞工作。

江西省水利厅省河湖长制工作处处长邹崴：主要河段的水葫芦得到有效遏制，像赣江南昌段，现在水体基本上已经比较清洁了，只有零散的岸边还滞留着一些原来的水葫芦。下一步，我们还会继续督促各个地方持续地进行清捞，把水葫芦大量繁殖和上游往下游漂浮的现象彻底消除。

截至 2021 年 11 月 21 日，江西全省已打捞水葫芦 6.18 万吨，投入人力一万多人次。

（摘自 https://jx.cnr.cn/ztkjx/20211126/t20211126_525671782.shtml，有删改）

项目八

资源安全

任务一　典型案例透视

案例1："三稀矿产"资源

"三稀矿产"资源是稀土金属、稀有金属和稀散元素的统称，是战略性新兴产业所需要的关键原材料。近年来，欧盟和美国等大多数发达国家均制定了符合自身发展规划的战略性矿产资源目录，"三稀矿产"资源是其中的重要内容。

我国"三稀矿产"总体上资源丰富，既是资源大国，也是主要生产国和出口国，但因为深加工技术落后、环境代价太大、战略意识不强等，始终拿不到市场的话语权。目前，我国已经进入科技创新引领社会发展的关键时期，"三稀矿产"的开发和综合利用将带来无限的创新潜力。

稀土金属具有"工业维生素"的美称。中国是稀土资源最为丰富的国家，但近些年由于过度开采和无限制的低价销售，中国稀土资源储量在世界排名中呈下降趋势。中国稀土为全球新兴产业的发展做出了不可磨灭的贡献，但中国在世界贸易组织（WTO）体制下受到不公正待遇，而中国自身对于稀土资源的战略意义还认识不到位，非正常生产及走私情况十分严重。为此，中国不得不出台一系列保护性开采开发的政策措施。

稀有金属主要用于制造特种钢、超硬质合金和耐高温合金，在电气工业、化学工业、陶瓷工业、原子能工业及火箭技术等方面都非常重要，是新兴产业发展必需的战略性金属矿产资源。我国稀有金属除锶矿在世界资源储量中占优势地位外，其余矿种均因赋存状态、矿床类型等原因不具备竞争力。其贸易结构主要为低端出口、高端进口。加强找矿、调整产业结构、扩宽应用领域已迫在眉睫。

（摘自搜狐网 https://www.sohu.com/a/205231861_99986028，有删改）

案例剖析：虽然我国稀散元素资源丰富，但仍然存在研究程度低、资源家底不清、开发利用缺乏规范、产品单一、技术路线落后、环境污染压力大等问题，离"用得好"的目标还有很大差距。

任务二　理论知识学习

一、"谈一谈"：是什么

资源安全，是指一个国家或地区可以保质保量、及时持续、稳定可靠、经济合理地获取所需的自然资源及资源性产品的状态或能力。

（一）可再生资源安全

可再生资源安全主要指水、土地、生物和海洋等资源以及可再生能源的保护、开发和利用。

1. 水资源保护和开发利用

水是生命之源，是生态环境的核心控制性要素，是人类赖以生存和发展的重要资源之一，在国民经济和国家安全中具有重要的战略地位。中华人民共和国成立初期，我国的水利基础设施薄弱，水资源开发利用水平低，党中央领导全国人民开展大规模水利建设，通过兴建水利工程，开发利用水资源，建成水库近10万座，形成近9 000亿立方米总库容，耕地灌溉面积超过10.2亿亩（68万平方千米），极大地提高了抗御水旱灾害的能力，为我国经济社会发展和人民生命财产安全提供了保障。此外，根据水资源时空分布不均匀，南多北少、沿海多内地少、山地多平原少的分布特点，水利部门实施水资源调度配置，充分发挥水利工程的作用，形成调配互济的供水保障格局。改革开放后，为满足经济的快速增长，一些地方无节制扩大水资源开采，利用方式粗放，用水浪费严重，导致水资源供需矛盾日益凸显、水污染形势异常严峻，水生态环境安全面临严重威胁。

为合理开发、利用、节约和保护水资源，防治水害，实现水资源的可持续利用，适应国民经济和社会发展的需要，我国制定了《中华人民共和国水法》，以保护和开发利用水资源。在工业、农业和生活用水方面，强调节约用水，缓解水资源供需矛盾；强化保护，确保水生态、水环境得到修复和改善；加大监管力度，实行严格需求管理和用水总量控制。《2023年中国水资源公报》显示，2023年，全国水资源总量25 782.5亿立方米，比多年平均值偏少6.6%。其中，地表水资源量24 633.5亿立方米，地下水资源量7 807.1亿立方米，地下水与地表水资源不重复量为1 149.0亿立方米。在水资源开发利用上，全国用水总量为5 906.5亿立方米。其中，生活用水909.8亿立方米，占用水总量的15.4%；工业用水970.2亿立方米，占用水总量的16.4%；农业用水3 672.4亿立方米，占用水总量的62.2%；人工生态环境补水354.1亿立方米，占用水总量的6.0%。与2022年相比，万元国内生产总值用水量和万元工业增加值用水量分别下降6.4%和3.9%。

2. 土地资源保护和开发利用

土地资源指已经被人类所利用和可预见的未来能被人类利用的土地，是国家安全最重要的物质基础，是生态文明建设的基础要素之一。我国土地总面积达 960 多万平方千米，居世界第三位，占世界陆地总面积的 1/15。整体而言，我国土地资源总量丰富，土地利用类型多种多样，为我国因地制宜全面发展农、林、牧、副、渔业生产提供了有利条件。但是，我国人均土地资源较少、地区分布不平衡且可开发的后备资源少，特别是人与耕地的矛盾依然严峻。耕地是具有重要生态功能的资源要素，是保障粮食安全和生态安全的根基，基本农田是耕地的精华所在，必须严格划定、永久保护。习近平多次强调，18 亿亩耕地红线必须坚守，现有耕地面积必须保持基本稳定。

《2023 年中国自然资源公报》显示：全国共有耕地 12 758.0 万公顷，园地 2 011.3 万公顷，林地 28 354.6 万公顷，草地 26 428.5 万公顷。国有建设用地供应 74.9 万公顷，同比减少 2.1%。综合数据显示，我国土地资源有限，必须节约、集约利用，优化土地利用格局，坚守 18 亿亩耕地红线，筑牢土地资源安全防线。

3. 生物资源保护和开发利用

生物资源指生长在自然界中能够直接或间接被人类利用的、对人类具有现实和潜在价值的基因和物种的总和，包括植物、动物、微生物和人类遗传资源等。生物资源作为生态环境的基础部分，是人类生产、生活资料的基本来源和人类赖以生存的物质基础。生物资源与广大人民群众的日常生活联系密切，特别是在粮食、健康与生态环境事业中，生物资源扮演着重要角色，对生物资源的收集、保藏、保护、开发与利用是保障人民生命健康和支撑国民经济可持续发展的重要基础。

随着科学技术的发展，依托于生物资源形成的生物产业作为战略性新兴产业的主攻方向，是我国抢占新一轮科技革命和产业革命的制高点，加快推动新产业、发展新经济、培育新动能，对国家经济发展与"健康中国"战略都具有重要意义。现如今，生物资源已经成为衡量一个国家综合国力的重要战略资源，也是维护国家生态安全和生态文明建设的重要物质保障。

长期以来，我国非常重视生物资源的保护。截至 2016 年底，我国已建成 316 家植物保藏机构、96 家动物保藏机构、90 家微生物保藏机构，以及国家级人类遗传资源数据中心，建成了农作物、林木、微生物菌种、人类遗传、家养动物、水生生物等 8 个生物种质资源领域共享服务平台。基于建设平台，我国现已保藏农作物种质资源 2 700 种、林木种质资源 2 300 种、野生植物种质资源 9 500 种、活体畜禽动物 700 余种、水产动物种质资源近 1 800 种、微生物菌种近 21 万株。尽管我们的生物资源保藏工作非常细致，但也要清醒地认识到，我国生物资源领域仍存在诸多挑战：首先，我国生物资源物种数量虽多，但资源总量相对较少，"天然"储备量较为不足；其次，生物资源开发利用程度较低，我国在开发利用生物资源方面偏重于具有经济价值的动植物品种，对野生动植物资源的评价和挖掘不够重视，物种灭绝和列入红色名录的资源日益增多；最后，我国生物资源方面领军人才、专精尖人才匮乏，致使核心生物技术发展较弱，信息化水平整体偏低。

4. 海洋资源保护和开发利用

海洋资源是海洋中的生产资料和生活资料的天然来源，主要包括海洋矿物资源、海水化学资源、海洋生物（水产）资源和海洋动力资源等。我国是海洋大国，海洋资源相对丰富，其中，油气资源沉积盆地约 70 万平方千米，石油资源量约为 240 亿吨，天然气资源量估计为 14 万亿立方米，还有大量的"可燃冰"资源。中国管辖海域内海洋渔场大约有 280 万平方千米，深度 20 米以内浅海面积 1 600 万公顷，海水可养殖面积 260 万公顷，已经养殖的面积 71 万公顷；浅海滩涂可养殖面积 242 万公顷，已经养殖的面积 55 万公顷。中国已经在国际海底区域获得 7.5 万平方千米多金属结核矿区，多金属结核储量 5 亿多吨。做好海洋资源保护与开发，对于发展海洋经济、建设海洋强国、实现中华民族伟大复兴具有重要意义。

近年来，伴随海洋科技创新及海洋经济新旧动能转换取得的成绩，我国海洋战略性新兴产业发展显著，海洋渔业、海洋油气业、海洋矿业、海洋盐业等海洋产业经济实力稳步提升。据中华人民共和国自然资源部的统计数据，2023 年全国海洋生产总值 99 097 亿元，比上年增长 6.0%。海洋的开发利用潜力巨大，前景广阔。同时，海洋资源环境保护工作也面临诸多挑战。例如：近岸海域水质改善成效还不稳固，陆源污染排放量较大；海洋生态系统脆弱，生态灾害处于多发期；海洋权益维护面临复杂形势；等等。为此，要立足长远，保护海洋生态，实现人与海洋和谐共生。

5. 可再生能源保护、开发和利用

可再生能源指在生态循环中能重复产生，不会随着人类的开发利用而日益减少，取之不尽、用之不竭的能源。可再生能源包括太阳能、水能、风能、潮汐能、地热能等非化石能源，是清洁能源。可再生能源是衡量一个国家高新技术发展水平的重要依据，也是新一轮国际竞争的战略制高点，发达国家都把发展可再生能源作为顺应科技潮流、推进产业结构调整的重要举措。近年来，我国可再生能源一直保持高利用率水平，并成为全球可再生能源容量增长的主要推动力之一。以风电、光伏、水电为代表的可再生能源的快速发展为中国能源转型作出了积极的贡献。未来几年，我国将着力加强行业管理，不断优化可再生能源产业发展布局，率先推动以风电、光伏为代表的新能源高比例、高质量发展，使清洁能源成为"十四五"期间能源增量的主体。

（二）不可再生资源安全

不可再生资源主要指经过漫长的地质年代形成的矿产资源及不可再生能源。

1. 矿产资源的保护和开发利用

矿产资源，指由地质作用形成，具有利用价值，呈固态、液态、气态的自然资源。矿产资源是人类生存和经济社会可持续发展的重要物质基础，为我国经济建设提供了重要保障。随着新一轮产业革命和全球经济的深入发展，矿产资源的作用愈加凸显。其中，"三稀"矿产资源更是国家战略性新兴产业所需要的关键原材料，受到党中央的高度重视。

根据《中国矿产资源报告 2023》数据显示，截至 2022 年底，全国已发现 173 种矿产，其中，能源矿产 13 种，金属矿产 59 种，非金属矿产 95 种，水气矿产 6 种。2022 年我国近四成矿产储量均有上升。在矿产资源开发利用方面，2022 年，我国采矿业固定资产投

资持续增长。此外，近年来我国还积极开展矿山生态修复，完善相关管理制度，部署开展重点区域历史遗留矿山生态修复工作。

2. 不可再生能源的保护和开发利用

不可再生能源，又称非再生能源，指在自然界中经过亿万年形成，随着人类的不断开发利用而日益减少，终将消耗殆尽且在相当长时期内不能再生的能源，如煤炭、原油、天然气、油页岩和核燃料等。非再生能源是人类生产活动得以进行和发展的动力，特别对现代世界经济的发展起着巨大的推动作用。我国非再生能源储量丰富，2022年，我国煤炭资源储量2 070.12亿吨，石油储量38.06亿吨，天然气储量65 690.12亿立方米。但是，我国也是能源消耗大国，产量增长赶不上需求量的增长，能源透支严重，且消费量比往年皆有所增长。改革开放以来，我国社会经济的高速增长即伴随着非再生能源的大量损耗，同时，我国能源开采方式粗放、科技创新能力不足，且开采非再生能源引发的生态破坏造成了高昂的经济成本和社会成本。因此，要重视能源的节约，加快转变能源结构调整，有效降低非再生能源消耗强度，实现能源开发利用与自然环境保护双赢。

二、"议一议"：为什么

资源安全在国家安全中占有基础地位，与经济安全息息相关，是国家安全的重要支撑。作为世界上主要的资源生产与消费大国，长期以来资源已成为我国推进工业化、城市化和农业现代化的重要物质基础。由于在经济发展过程中，忽视了对水土等资源能源及生态环境的保护，我国的资源处于不同程度的失衡和危机状态。

(一)资源供需矛盾形势严峻

资源供需矛盾主要表现为资源开采和利用过度，人均资源量少、分布不均，工业生产用地过量、红线保护形势严峻，环境污染导致可利用资源减少等。例如，尽管我国水资源总量居世界第六位，但人均占有水资源量仅为世界平均水平的28%，且北方地区水资源严重不足。我国水安全已全面亮起红灯，甚至部分地区已经出现用水危机。水资源已成为我国严重短缺资源，成了制约环境质量的主要因素，也成为经济发展面临的严重安全问题。作为一个人多地少的大国，要确保中国95%粮食自给率，18亿亩耕地红线是必须坚守的底线。但我国耕地后备资源十分有限且分布不均衡，土壤侵蚀、沙化和污染的情况严重，再加上多年的高强度土地开发、粗放利用以及生态用地被大量占用等问题，导致植被遭到破坏，地面沉陷、水土流失问题严重，资源供需矛盾进一步恶化。

(二)资源对外依存度高

我国一直存在能源与矿产资源短缺的问题，人均拥有量低，保障严重不足，战略性矿产资源安全问题较为严重。

我国的铁、铜、铝等矿产人均可采资源储量远低于世界平均水平，从实现经济发展战略目标的矿产资源保障程度看，我国对重要资源仍有巨大需求，对外依存度持续攀升，石油、铁和铜超过 60%，未来预计还会增加其他矿种，资源对外依存度逐步逼近临界点。资源对外依存度的加深，意味着进口通道的安全性面临更多威胁，某种程度上依赖于供给地的政治局势和社会发展，以及海运航道、咽喉要塞等的安全保障。这些无疑都增加了我国资源供给的不确定性、风险性及危险性。

(三)资源开发利用水平较低

我国煤炭资源地质开采条件相对较差，大部分储量需要通过井下开采；石油、天然气资源地质条件复杂，埋藏深，勘探开发需要较高技术。未开发的水力资源多集中在西南部的高山深谷，远离负荷中心，开发难度和成本较高。非常规资源则勘探程度低，经济性较差。同时，从过去数十年对资源的开发利用水平看，其强度远超世界平均水平，非法开采、超指标开采以及粗放的开采方式导致国内资源浪费严重，资源利用效率相对较低，单位增加值能耗较高，进一步削弱了我国资源的可持续供应能力。在资源管理上，监管体制尚待健全，资源价格机制未能完全反映资源稀缺程度、供求关系和环境成本；资源行业服务水平有待提高，其管理体制也是阻碍资源合理利用的因素。

三、"研一研"：怎么办

资源是各国争夺的焦点，是我国推进工业化、信息化、新型城镇化和农业现代化，全面建成小康社会和实现中华民族伟大复兴的重要物质基础。因此，资源安全问题不可轻视，需要多措并举，维护我国资源安全。

(一)建立资源安全的保障机制

加强资源产权制度建设，明确土地、水、煤炭和矿产等自然资源的资产属性和物权属性，明晰产权主体，使真正的资源产权主体能够有条件维护自身合法权益，维护国家的资源所有者权益。对于对经济发展和国家安全有重要意义的战略性资源，应实施重点保护，统筹国家资源供需战略，总体上实现资源的优化配置。建立和完善资源监督检查机制，强化各部门的职责和手段，打击跨境资源走私，限制、防止外部对我国资源的不当获取和掠夺，维护国家资源利益。

(二)合理利用和有效管控资源开发

维护资源安全应以提高资源开发利用水平为主要抓手，坚持资源开发利用和生态环境保护并重，为资源安全的持续和稳定奠定基础。首先，应坚持立足国内资源开发，加强国内资源的勘探开发和资源储备，提高国内资源的保障能力，降低重要资源的对外依存度，避免出现资源供应的中断。其次，要依法依规有计划地进行资源能源开发，采用统一规划、合理布局和综合利用的方针。最后，应贯彻创新、协调、绿色、开放、共享的新发展理念，坚持资源开发的多元发展原则，倡导绿色发展，推动低碳循环发展，加快能源革命步伐和技术创新，多发展风能、太阳能、生物能和水能等非化石能源，积极开发天然气、煤层气和页岩气，优化资源生产和消费结构。

（三）加强战略资源储备

战略资源储备制度是保障突发情况下资源有效供给的重要举措。我国的战略资源储备实行实物储备和资源地储备相结合的方式。资源是国家赖以生存和发展的重要物质基础，特别是石油、天然气和煤炭等资源，对人类社会具有重要意义。我国在实物储备上，应建立国家石油储备基地，加快华北、西北、西南及东南沿海地区天然气地下储气库和液化天然气储备库建设，建立国家煤炭应急储备等。资源的储备应由国家统筹划定，并由当地政府监管保护，如强化稀土资源的开采与战略储备。稀土是重要的不可再生的战略资源，在新能源、新材料、节能环保和航空航天等领域的应用日益广泛。稀土资源的特殊意义使国家高度重视其安全问题和储备体系，应统筹规划我国南方离子型稀土和北方轻稀土资源的开采，划定一批国家规划矿区作为战略资源储备地。

（四）完善资源运输通道的建设

完善国内与海外资源运输及进口通道建设，是确保资源安全的重要途径。以石油和煤炭等资源为例，在石油运输领域，加快西北、东北和西南三大陆路原油进口通道和海上进口通道建设。结合海上通道的运输需求，建设沿海地区大型原油接卸码头及配套管道，加强国内成品石油输送管道建设，完善区域管网建设。在煤炭运输领域，坚持输煤输电并举，逐步提高输电比重，采用先进输电技术，推进建立输电通道。加快既有铁路扩能改造和新建铁路煤运通道建设，提高煤炭跨区运输能力。此外，要保障各管道的安全运输，防范和处理管道事故，确保资源运输的稳定与顺利，维护资源安全。

案例2：石油武器

★微视频

石油不仅仅是一种矿产资源，也可以摇身一变成为令人恐惧的武器。1973年，阿拉伯国家曾利用石油禁运惩罚美国在赎罪日战争（第四次中东战争）中支持以色列。第四次中东战争时期，以埃及、叙利亚为主的阿拉伯军队对以色列的先胜后败，令全体阿拉伯国家感到异常悲愤。

阿拉伯国家用石油做武器

由于在战场上难以取胜，于是阿拉伯主要产油国就把石油作为武器，对支持以色列的美国进行石油禁运，最终对整个西方实行石油禁运。因为当时，主要资本主义国家特别是西欧和日本用的石油大部分来自中东，美国用的石油也有很大一部分来自中东。石油提价和禁运立即使西方国家经济出现一片混乱。

石油输出国组织（OPEC）宣布收回原油标价权，并将它的基准原油价格从每桶3美元提高到每桶10.6美元以上，油价飙涨两倍多，最高时更是达到了13美元。原油价格的暴涨给西方国家造成了沉重打击。美国的国内生产总值（GDP）下降了4.7％，欧洲下降了2.5％，日本下降了7％。最终引发了1973—1975年的战后资本主义世界一次重大的经济危机。

（参考国际石油网 https://oil.in－en.com/html/oil－83687.shtml，有删改）

案例剖析：回顾 20 世纪三次全球石油危机的经历，基本上均是由地缘政治导致供给端产量大幅下滑引起的。相关国家通过主动或被动减少原油出口供给的方式，最终导致全球石油供不应求价格飙升，并形成成本推动型通货膨胀，继而从工业生产传导至全球经济的各个领域。

(五)全面促进节约资源

在党的二十大报告中，我国对于资源节约和环境保护的重视程度可见一斑。报告中，有关资源节约的内容和措施主要包括以下几个方面：

首先，指出要推进各类资源节约集约利用，加快构建废弃物循环利用体系。这不仅包括对资源的全面节约和高效利用，也包括对资源的节约管理，以及推广循环经济，以建立资源节约型社会。这意味着我们需要在生产、消费和废弃物处理等各个环节，采取有效的措施，以减少资源的浪费。

其次，提出要深化能源革命，加强能源供给保障，推动能源消费革命，提高能源利用效率，发展清洁能源，推广节能技术和产品等。这表明我国将加大对能源领域的研究和投入，以提高能源利用效率，减少能源消耗，同时推广清洁能源，以减少对环境的污染。

最后，倡导绿色生活方式，包括简约适度、绿色低碳的生活方式，反对奢侈浪费和不合理消费，推广绿色出行，减少一次性用品的使用，加强垃圾分类等。这表明我国将鼓励公众改变生活方式，从源头上减少资源的消耗，同时提高资源利用效率，保护环境。

(六)加强国际资源合作

资源问题是全球性问题，维护资源安全是世界各国共同面临的问题。应全方位加强国际合作，实现开放条件下资源安全。在主要立足国内的前提条件下，在资源生产和消费革命所涉及的各个方面加强国际合作，有效利用国际资源。为此，世界各国应着眼于全球资源不可或缺的现实，倡导全球资源共同安全理念，树立互利合作、多元发展、协同保障的新资源安全观。此外，我国应积极开展资源外交，拓宽新的资源进口来源，保证资源进口渠道多元化，降低世界资源市场动荡对我国资源供给的不利影响。如在矿产资源方面，全面推动地质矿产领域双边与多边合作，通过中国国际矿业大会、中国—东盟矿业合作论坛等国际交流平台，进一步巩固并发展与有关国家在矿业领域的务实合作，进而构建新型国际资源秩序，保障我国资源矿产来源地的稳定。

任务三　实际操作训练

1. 调研本地区某一特色资源，写一份调查报告，为更好地保护、利用资源出谋划策。
2. 请剖析以下案例并分享给同学、朋友等。

🔖 案例3：核秘密的泄露

新华社2004年2月2日电，巴基斯坦一位不愿透露姓名的官员1日说，巴基斯坦"核弹之父"卡迪尔·汗和其他四名科学家当天承认，他们向与伊朗和利比亚等国有关的组织泄露了核秘密。泄露核技术的时间在1986年至1993年。不过，目前尚不清楚卡迪尔·汗是否向伊朗和利比亚提供了浓缩铀离心分离机的技术。

巴官员还说，国际原子能机构认为巴基斯坦科学家和官员可能涉嫌出售核秘密谋取私利，并将此事通报了巴政府。巴基斯坦在获悉此事之后，立即展开了调查，而卡迪尔·汗是第一个被怀疑的对象。调查开始后，卡迪尔·汗多次接受问讯，并在1月31日被解除了所担任的政府顾问职务。卡迪尔·汗早年留学德国和比利时，1976年回国主持成立巴基斯坦第一个核试验室。在他领导下，巴基斯坦于20世纪80年代掌握了核技术，并于1998年进行数次核试验。2001年，卡迪尔·汗辞去以他名字命名的实验室负责人职务，受聘担任政府的科学顾问。

（摘自新浪网 http://mil.news.sina.com.cn/2004-02-02/1828180096.html？from＝wap，有删改）

项目九

核安全

任务一 典型案例透视

案例1："3·11"日本大地震引发福岛核灾难

★ 微视频

福岛核灾难

2011年3月11日，日本发生"3·11"东日本大地震，引发巨型海啸及福岛核灾难，造成上万人死亡，当地大量居民不得不离开家乡。据统计，"3·11"东日本大地震共计导致15 897人死亡，2 533人下落不明。更为引人注目的是，大地震后发生的东京电力福岛第一核电站惨剧使得5.2万人过着避难生活。

日本社会正在为关闭福岛第一核电站问题头痛不已。东京电力计划用40年的时间完成关闭作业，但是到处都是堆积如山的难题。关闭时要取出炉心熔融后熔化的核反应堆压力容器内的核残渣，然而人靠近后，会被这里释放的致命性放射线夺走生命。东京电力一直在考虑安全的回收方法，例如投入机器人等，但是8年间，在发生炉心熔融的3座核反应堆中，没有一处核残渣被取出。由此一来，仿照1986年发生核电事故的苏联切尔诺贝利核电站，采用混凝土覆盖核反应堆方式入选了代替方案。然而该方法与日本政府推进中的复兴计划背道而驰，因此并不容易操作。

从2023年8月24日至今，距离日本福岛核电站首次向太平洋排放核污染水已经过去了10个月。福岛第一核电站已经进行了六轮核污染水排海，总共向太平洋排放了约4.6万吨核污水。上一次福岛核污水排海已经在6月4日结束，根据福岛核电站所属的东京电力官网的计划，2024年4月至2025年3月，核电站拟分7次排出5.46万吨核污染水。但这还只是福岛第一核电站核污水的极小一部分。截至2024年6月20日，福岛第一核电站储罐中储存的核污染水总量仍有131.6万吨。

也就是说，即便2024财年的排放计划完成，东电累计向太平洋排放约8.58万吨的核污水，也仅占目前核污水储存量的不到6.5%。福岛排污将长达三十年，将对海环境造成不可估量的影响，也将可能造成核安全事件发生。

（参考中国新闻网 https://www.chinanews.com.cn/gj/2020/03－11/9121448.shtml，有删改）

案例剖析：核安全是指对核设施、核活动、核材料和放射性物质采取必要和充分的监控、保护、预防和缓解等安全措施，防止由于任何技术原因、人为原因或自然灾害造成事故发生，并最大限度减少事故情况下的放射性后果，从而保护工作人员、公众和环境免受不当辐射危害。"3·11"日本大地震引发福岛核灾难再次给世人敲响了警钟，核物质如果不进行适当的处理，会有很大的危害性。

任务二　理论知识学习

一、"谈一谈"：是什么

核安全，是指免于遭受核打击、防范或减轻国土和公众免受传统与非传统辐射损伤风险，以及为实现这一目的而采取的措施。

核安全主要由核材料安全、核设施安全、核技术安全三大层面构成，彼此互相依存，相互支撑，共同构筑起核安全屏障。防止核扩散也是夯实核安全的主要任务，涉及民用核安全与军用核安全。为评判核安全事件，国际社会还制定出核事件分级，有利于国际社会迅速处置核安全事故。

(一)核材料安全

广义的核材料是核工业及核科学研究中专用材料的总称，包括核燃料及核工程材料。通常所说的核材料主要指用于反应堆的材料，故称反应堆材料。其中最重要的是在中子轰击下原子核能发生裂变的核燃料，主要为铀-235材料及其制品、铀-233材料及其制品、钚-239材料及其制品，以及法律法规规定的其他需要管制的核材料。

核燃料是指能产生裂变或聚变核反应并释放巨大核能的物质，可分为裂变燃料和聚变燃料(或称热核燃料)两类。裂变燃料主要指易裂变核元素，如铀-235、钚-239、铀-233等。由于铀-238和钍-232是能够转换成易裂变核元素的原料，且其本身在一定条件下也可裂变，所以习惯上也称为核燃料。聚变燃料包含氢的同位素氘、氚，以及锂及其化合物等。获取核武器所需的核材料，如铀、钚，可通过铀矿经过一定工序转化而成，民用铀-235核材料经过提炼和浓缩，可获得武器级丰度的铀-235，用于制造核武器。

综上可见，核材料安全涵盖以下几个方面：(1)有核国家以及建设商用核电站的有关国家和地区要保护核材料的生产、使用、运输以及废料处理安全；(2)国际社会要对核材料进行全面进出口管制，谨防核材料非法转让；(3)国际社会以及联合国安理会常任理事国还要监督一些国家民用核材料的使用范围和用途。

核废料安全处理也是核安全的重要组成部分。核废料泛指核燃料生产、加工和核反应堆使用过的具有放射性的废料。核废料具有极强烈的放射性，其半衰期长达数千年、数万年，甚至几十万年。对于核废料的处理，国际上通常采用深埋于海洋或陆地两种方法。

（二）核设施安全

★ 微视频

核设施包括：核电厂、核热电厂、核供汽供热厂等核动力厂及装置；核动力厂以外的研究堆、实验堆、临界装置等其他反应堆；核燃料生产、加工、贮存和后处理设施等核燃料循环设施；放射性废物的处理、贮存、处置设施；其他军用核设施。核设施安全即指上述基础设施和运行机制的安全状态。核设施安全是核安全的核心，一旦核设施安全出现问题，其毁伤效果不可设想。

安置及核事故处理
仍待推进

案例 2：利民辐照厂核安全事故

河南省杞县利民辐照厂是一家从事辐照加工的民营企业，于 2006 年 9 月取得辐射安全许可证。该企业辐照装置采用远程控制的钴-60 放射源照射物品，使被照射物品达到灭菌、消毒等目的。

该类装置的放射源处于 1 米厚的钢筋混凝土结构的辐照室内，进行辐照加工时，通过远程控制将放射源从水井中提出照射物品，使用后放射源即返回到水井中。

2009 年 6 月 7 日凌晨 2 时，该企业辐照装置在运行中发生货物意外倒塌，压住了放射源保护罩，并使其发生倾斜，导致钴-60 放射源卡住，不能正常回到安全位置。

6 月 14 日 15 时，辐照室内原辐照加工的物品由于放射源的长时间照射，发生了升温自燃。在消防及环保部门采取灌注水等措施后，引燃物于当日 24 时得到有效控制。经河南省辐射安全技术中心监测，附近环境未发现任何辐射污染现象。

（摘自新浪网 https://news.sina.com.cn/o/2009-07-17/084915968758s.shtml）

案例剖析：本案例中的事件是一次典型的核安全事故，虽然事件很小，但是却在当地造成了极大恐慌，当时许多群众逃离家乡，前往附近的县市"避难"。这也警示我们要加强人们的核安全意识。

为确保我国核设施安全，2018 年 1 月起，《中华人民共和国核安全法》正式实施。除制定核安全中长期发展规划，高效运转各部门组成的核安全工作协调机制之外，该法还根据国际最新标准，修改完善我国核安全相关法规标准，建立严格、高标准的国家核安全标准体系，确保核设施安全。

我国核安全水平保持在世界前列，没有核设施发生过国际核与放射事件分级表中二级及以上的事件或事故，一级事件每年发生的次数也非常低。

核设施安全还同国土安全、军事安全密切相关。20 世纪 60 年代到 70 年代，美苏都有先发制人摧毁中国核设施的计划，这直接危及我国军事安全和总体安全。20 世纪 80 年代以来，以色列多次摧毁中东地区一些国家的军用核设施，这虽然是以色列保卫国家安全的实践，但是危害了其他国家的军事安全。朝核和伊核问题中，国际社会的主要期许，就是两国放弃军用核设施，其民用核设施也要在国际社会监管之下。可见，核设施安全既有民族国家安全的属性，又是国际公共安全热点问题。

(三)核技术安全

核技术是指以核性质、核反应、核效应和核谱学为基础，以反应堆、加速器、辐射源和核辐射探测器为工具的现代高新技术，包括核能技术、核动力技术、同位素技术、辐射技术、核燃料技术、核辐射防护技术等。目前，核技术已经广泛应用于国民经济各个领域。

核技术应用分为核能利用和非核能利用。其中，核能利用包括核电、核动力、核武器等；非核能利用包括核分析技术、核成像技术、放射性药物、辐照加工、辐射检测、放射性示踪等。核技术应用已形成庞大产业链，能够提升材料性能、制备高新材料、开展医疗诊断和治疗、实现无残留消毒灭菌以及绿色城市供热，并具有可选择性强、灵敏度高等优势。核技术安全指上述核能研发及利用技术的安全状态：一方面，有核国家相关技术及技术专家不能转让或流失到无核国家及地区，造成核扩散；另一方面，相关核技术在本国内应安全研发、安全实践和安全发展。

(四)核扩散安全

核扩散有两方面内涵：垂直扩散指一个国家同时增加核武器的种类和数量，例如核大国之间的核军备竞赛会导致垂直扩散；水平扩散指新的国家或地区拥有了核武器。在传统安全与非传统安全领域中，核扩散是当今世界最重要的安全议题，自核武器诞生之日起，核扩散早已成为国际安全领域的首要关切。

20世纪60年代以来，美苏两国率先推进有利于自身利益的国际核不扩散机制，相继推出《部分禁止核试验条约》《不扩散核武器条约》等国际协定，同时开始筹建拉丁美洲无核区、太平洋无核区等防止核扩散倡议，并设立"核供应国集团"等多边核军控平台。20世纪70年代至80年代，美苏两强相继达成限制及削减战略武器条约，力图控制彼此间的垂直核扩散，这在相当程度上削减了各自极为庞大的核弹头及弹道导弹储备。本质上看，美苏主导的核不扩散机制的目的在于遏制其他国家和地区发展核武器，但这无法阻挡中、法等国相继获得军用核技术，美国其实也长期向英国转让先进的海基核导弹技术。进入20世纪70年代，印度成功拥有军用核技术，南非和我国台湾地区也秘密推进军用核研发。

1968年7月，美英苏等国签订《不扩散核武器条约》，1970年3月该条约正式生效。条约在防止核扩散方面的内容包括：缔约的核武器国家承诺不向任何国家转让核武器或其他核爆炸装置，不协助、不鼓励或不引导无核武器国家制造或获取核武器或其他核爆炸装置；无核武器的缔约国承诺不以任何方式获取核武器或其他核爆炸装置，不寻求或接受在制造核武器或其他核爆炸装置方面的任何协助；缔约国一切和平利用核能的活动，均应遵守国际原子能机构的规约和相应保障监督制度。截至2020年底，共有191个国家批准或加入《不扩散核武器条约》。

20世纪90年代以来，我国政府先后签署《不扩散核武器条约》和《拉丁美洲禁止核武器

★ 微视频

《不扩散核武器条约》

条约》《南太平洋无核区条约》《非洲无核武器区条约》相关议定书，于1997年、1998年颁布《核出口管制条例》(2006年修订)以及《核两用品及相关技术出口管制条例》(2007年修订)，并于2004年加入核供应国集团，全面加强并完善对核物项和弹道导弹的出口管理，庄严履行中国核不扩散的大国责任。

(五)核事故风险

核事故指核设施内的核燃料、放射性产物、废料或运入运出核设施的核材料所发生的放射性、毒害性、爆炸性或其他危害性事故。国际核事故等级量表于1990年由国际原子能机构提出，旨在发生核事故时能迅速传达重要安全信息。该量表类似于用于描述地震震级的矩震级。事故每增加一级代表其严重程度大约是前一级别的10倍。与能够定量评估事件强度的地震相比，对于核事故等人为灾难严重程度的判断，主观性更强。因此，核事故的等级级别在事件发生后很久才能最终确定。国际核事故等级分为7个非零级别，包括3个事件级别和4个事故级别。此外还有一个零级。其中，第七级为特大事故，即放射性物质大量释放，对人员健康和环境具有大范围影响。迄今为止，全球已发生两起七级特大事故，即1986年苏联切尔诺贝利事故和2011年日本福岛第一核电站事故。第六级为严重事故。第五级是影响范围较大的事故。第四级是影响范围有限的事故。第三级是重大事件。第二级是一般事件。第一级是异常。零级事件没有安全影响。

二、"议一议"：为什么

冷战结束以来，国际社会呈现核态势失衡、核扩散加剧、有核国家增多的趋势，而且这种趋势还有进一步增强和恶化的可能。这一趋势越来越使人们担心像1986年苏联切尔诺贝利核事故和2011年日本福岛核事故等那样重大核灾难会再次发生。因此，世界仍然面临核安全的威胁与挑战。

(一)美俄在核领域竞争仍然复杂激烈

当今，美俄两国是世界上最大的有核国家，两国在核领域的竞争仍然复杂激烈。近年来，美国努力扩大核武优势。目前，美国的核武库继承了"冷战"时期庞大核力量的历史遗产。美国拥有完善的"三位一体"核力量，可以通过陆基导弹、潜射导弹和远程轰炸机投放核武器。为了给盟国提供支持，美国政府同时还决定保留向海外部署携带战术核武器的战斗机的能力。2014—2023年，美国政府将为核力量投入3 550亿美元资金。其中，直接用于战略与战术核武器平台系统的预算为1 360亿美元；能源部投入核武器研制机构以及战略核潜艇核反应堆的总费用为1 050亿美元，用于核力量指挥、控制、通信和预警系统的费用为560美元。

俄罗斯将战略核力量作为唯一可与美国抗衡的军事力量。长期以来，俄军认为，核武器首先是一种武器，尽管是种"特殊"的武器，但武器就是用来使用的，这一点和其他的武器并无不同，并视战略核力量为保证国家和军事安全的最强力支柱，是国家地位和军事实力的最重要体现。近年来，俄军在"东方""西方""中部""南方"等系列的大规模军演中，都进行了战略核力量的演练。2019年10月15日至17日，俄罗斯举行了代号"雷霆-2019"的战略核力量演习，俄罗斯"三位一体"战略核力量和常规导弹部队参演。如今，俄罗斯"雷霆"演习已经成为年度化系列演习，这进一步凸显战略核力量对于俄罗斯军事安全的作用和地位。

近年来，美俄核裁军进程严重倒退。美国为给核导力量发展松绑，2019年退出《中导条约》，又对《新削减战略武器条约》延期态度消极。在美国单方面退出《中导条约》后，《新削减战略武器条约》成为美俄两国间仅存的主要军控条约。该条约旨在限制两国核武器数量，于2021年2月到期。2021年2月3日，虽然俄美宣布完成延长《新削减战略武器条约》有效期必要的国内程序并互换照会，有效期延长5年，到2026年2月5日，但《新削减战略武器条约》相关谈判还需尽快启动，且谈判会很艰难。同时，国际核不扩散体系受到冲击。美国无视国际法，大肆推行"极限施压"和双重标准，导致朝鲜半岛核问题和伊朗核问题延宕难决，个别拥有核武器的国家长期游离于条约体系之外。和平利用核能国际合作政治化苗头显现，日益沦为大国博弈的政治工具。

（二）周边国家核扩散形势严峻

如今，国际社会拥有核武器国家增多，特别是我国周边核扩散形势严峻。1970年生效的《不扩散核武器条约》规定，禁止有核武器国家向任何接受者转让核武器或其他核爆炸装置，同时禁止非核武器国家和地区接受、制造或以其他方式获得核武器或核装置。1998年印度和巴基斯坦进行了核试验，成了事实上拥有核武器的国家。继印度和巴基斯坦进行核试验以后，朝鲜于2006年10月9日向国际社会宣布完成了一次地下核试验，成为一个事实上的有核国家。而以色列在核武器问题上采取模糊政策，既不承认也不否认自己拥有核武器。此外，日本拥有制造核武器的能力与资源，至于是否会走上核武器国家道路完全是一个选择问题。鉴于周边的核扩散局势，坚持核不扩散立场，是维护我国核安全的重要一环。

在我国周边，核扩散形势严峻。印度和巴基斯坦关系紧张，存在导致核冲突的危险。朝鲜坚持发展核武器，朝鲜半岛无核化进程遇到困难，朝韩、朝美关系的紧张，也存在导致冲突的危险。

（三）核恐怖主义威胁日益凸显

使用大规模杀伤性武器的恐怖主义亦被称为"超级恐怖主义"，这种超级恐怖主义谋求的是杀死尽可能多的人，以达成最大的毁灭效应。近年来，核能与核技术的广泛应用导致越来越多的核材料分散在世界各地，而一些国家和地区对这些核材料与核技术缺乏有效的保护，核材料与核技术流失现象严重。一旦恐怖分子获得核武器或核材料，并发动核恐怖袭击，将对人类造成严重危害。虽然国际上尚未发生真正意义上的核恐怖袭击，但核材料与放射性物质丢失、被盗事件的不断发生表明，管理失控的风险始终存在。恐怖组织攻击和破坏核设施，利用"脏弹"进行恐怖袭击的潜在风险不容忽视，盗取核材料、放射性物质的可能性也在加大。

目前，国际核安全形势非常严峻。在国际地下核走私市场，走私核材料的市场非常猖獗，主要表现在两个方面：一方面，恐怖分子确实极力地想谋求、拥有这样一些破坏社会的手段；另外一方面，这个走私市场能给参与走私的人带来惊人的、高额的利润。如果恐怖分子获得核武器或核材料，并发动核恐怖袭击，将对人类造成严重危害。随着核技术的普及、核黑市的发展、核电的复兴、更多"事实核国家"的出现，以及现存国际防核扩散机制缺乏有效应对非国家行为体核扩散的手段，非国家行为体，特别是恐怖主义势力谋取核材料、核武器的可能性不断增加。在可预见的未来，尽管核恐怖活动发生的概率要比常规恐怖活动的概率小得多，但其危险性却与日俱增，一旦核武器被恐怖分子掌握，将给人类文明带来巨大的灾难。

国际可能的核恐怖主义威胁主要有四种：偷窃、夺取并爆炸核武器；利用偷盗、走私、购买等手段得到核材料，制造和爆炸核装置；攻击核电厂及其他核设施，造成放射性污染；散布非法渠道获得的放射性材料，制造并爆炸放射性脏弹。近年来，国际社会还进一步认识到，核恐怖主义的威胁可能并不止上述几种。一种日益上升的担心是，非国家行为体可能利用网络技术对核国家的核武器、核设施指挥控制系统进行攻击。

（四）核电、核技术利用的事故风险上升

在当今世界，核技术在能源、农业、医疗等领域的应用日益广泛。自 1957 年美国建造世界上第一个核电站开始，全球核电发展已经走过了 60 多个年头。60 多年来，全球核电发展始终直线上升，以平均每年新增 150 万千瓦发电能力的步伐快速成长。

核技术的发展满足了社会的需要，同时也伴随核安全风险和挑战。我国核能和核技术发展快，量大面广，监管任务十分繁重。我国是核能核技术利用大国，正处在向核强国转型迈进的关键时期，核与辐射安全总体保持稳定。截至 2023 年底，我国共有 55 台运行核电机组，在运核电机组数居全球第三位。当前我国在建核电机组数全球第一，核技术利用量大面广。但是，当前国际核安全形势复杂多变，不稳定不确定因素显著增多。

虽然核与辐射安全总体形势保持稳定，但其他与核电发展配套的核燃料循环设施也将相应增加，对核安全提出了挑战，我国核安全形势仍不容乐观。核能与核技术利用事业快速发展使得核安全的任务剧增，核恐怖主义威胁日益凸显，地区热点核问题延宕难决，核安全问题的综合性、复杂性和多变性明显上升。

三、"研一研"：怎么办

维护我国核安全，需要从国际国内两大层面积极着手，践行"四个强化"理念，保持核设施安全运转，系统提升核危机应急处置能力，在强化核安全监督检查的基础上注重核危急时刻的舆论引导，并积极参加国际核安全治理体系，防止国际核扩散局面进一步恶化。

（一）践行"四个强化"理念

"四个强化"作为中国核安全观核心理念被写入《2016 年核安全峰会公报》，中国的核

安全治理理念就此上升为国际共识。"四个强化"具体指以下几点。

1. 强化政治投入，把握标本兼治方向

凝聚加强核安全的国际共识，对核恐怖主义零容忍，推动全面落实核安全法律义务及政治承诺。寻求治本之道，始终是国际核治理和核安全要义，为此需要构建以合作共赢为核心的新型国际关系，坚定推进全球安全治理，维护和平稳定的国际环境。

2. 强化国家责任，构筑严密持久防线

发展核能是各国自主选择，确保核安全是各国应尽之责。结合国情，要部署实施核安全战略，制定中长期核安全发展规划，完善核安全立法和监管机制。面对核恐怖主义威胁的非对称性和不确定性日益突出，日常预防和危机应对也要双管齐下。

3. 强化国际合作，推动协调并进势头

在尊重各国主权前提下，所有国家都要参与核安全事务，以开放包容的精神，打造核安全命运共同体。以国际原子能机构为核心，积极协调全球核安全资源，服务各国。联合国作为最具普遍性的国际组织，可继续发挥重要作用，在此过程中，要照顾广大发展中国家的合理诉求。

4. 强化核安全文化，营造共建共享氛围

法治意识、忧患意识、自律意识、协作意识是核安全文化的核心，要贯穿每位从业人员的思想和行动。学术界和公众树立核安全意识同样重要，为此需要鼓励各国智库推动反核恐怖主义研究，并就加强国际核安全体系、促进各国核安全提出更多建议。

（二）确保核设施始终处于安全运行水平

确保核设施始终处于安全运行水平是确保不发生核事故的底线。日本福岛核事故发生后，国家核安全局编写《核安全与放射性污染防治"十二五"规划及2020年远景目标》，完善我国民用核设施等核安全工作的顶层设计。在全行业、全社会共同努力下，中国核辐射安全目前总体保持稳定。

核设施安全方面，截至2023年底，我国55台运行核电机组安全状况良好，在建及已核准机组38台，其中在建机组26台。2023年，我国共有33台机组在世界核电运营者协会的综合指数达到满分，满分比例和综合指数平均值位居世界前列。在强化核设施抵御自然灾害的能力方面，我国东南沿海的核电站致力于防范台风等气候灾害侵袭，并在特殊情况下部署防空武器，预防敌方军事打击。

除去深埋陆地和深海，中国创新放射性废物的安全处置能力，多措并举确保核安全。为确保放射性废物长期安全，生态环境部下辖的国家核安全局依职责开展以下工作：一是按照国际原子能机构最新标准，结合国情，逐步完善我国放射性废物法规标准导则体系；二是加强监管，确保核电厂放射性废物安全暂存和放射性废物处置场安全运行，推动核电厂暂存废物及时送交最终处置；三是开展研究，制定相关规范和程序，确保放射性废物处置设施安全。

中国军队一贯高度重视核安全工作，坚持把确保核武器绝对安全、绝对可靠作为工作

重点。我军严格审查审批和严密组织涉核活动，加强核应急救援训练和核应急处理能力建设，强化对我军的核武器、核装备、核设施以及核活动实施全寿命、全过程有效管理。

（三）提升应急处置能力

1. 强化核事故缓解和应急能力建设

应急管理是国家治理体系的重要组成部分，我国应急管理体制机制在实践中充分展现出了自己的特色和优势。20 世纪 90 年代中期，中央就建立国家核事故应急委员会，经过 30 多年的摸索，目前已具备与核能事业发展相适应的国家核安全应急体系。

核安全应急体系具体包括：强化核应急预案体系，发布新版《国家核应急预案》；推动法规制度体系建设，形成法律、行政法规、部门规章、标准规范、技术导则一体化的核应急工作法律体系；落实组织指挥机制，建立国家、省（区、市）、核设施营运单位三级核应急响应体系；深化技术支持体系，建立 8 类核应急专业技术支持中心；组建中国核事故应急救援队；推动"一带一路"共建，实施核电"走出去"战略，加快融入国际核安全应急体系建设。

2. 强化核事件社会影响监测和舆情应对

处理核安全问题，降低核安全事件冲击，离不开对核事件发生后相关社会影响的紧密监测和舆情应对。要积极利用舆情监测手段，分析舆情发展态势，加强网络沟通，确保新闻和信息的权威性、一致性，最大限度地压缩虚假信息、谣言消息，变被动为主动，避免因恐核而爆发不可控的社会舆情风波。

（四）信息公开和舆论引导

1. 强化核安全相关信息定期依法公开

2020 年 10 月，生态环境部发布《核安全信息公开办法》，强调核安全信息公开应遵循客观、及时、准确原则：（1）依法确定为国家秘密的核安全信息，或公开后可能危及国家安全、公共安全、核设施和核材料安全的核安全信息，不予公开；（2）涉及商业秘密和个人信息的，按照国家有关规定执行；（3）公民、法人或者其他组织发现民用核设施营运单位未依法公开核安全信息的，有权向生态环境部下辖国家核安全局举报。生态环境部应当对举报人的相关信息予以保密，保护举报人的合法权益。

2. 全面铺开核安全科普与文化建设

普及核安全文化是确保核安全的基础，在此基础上，有效的公众参与是确保核安全的重要条件。2011 年日本福岛核事故后，我国部分地区发生民众"抢盐风波"，凸显公众在核安全防护与应急反应等核安全知识领域的薄弱。应着力进行科学引导与民众监督，建立相关法规和机制，确保公众充分获取正确信息和知识普及。在核电厂批准、建设、运营各阶段都接纳并鼓励公众参与，弥补政府及监管机构的不足。

(五)核安全的监督检查

1. 夯实核安全法律法规建设

根据最新统计数据，2019年9月3日国务院发布的《中国的核安全》白皮书可知，截至2019年6月，我国已颁布《中华人民共和国民用核设施安全监督管理条例》《民用核安全设备监督管理条例》《中华人民共和国核材料管制条例》《核电厂核事故应急管理条例》等行政法规9部，发布部门规章30余项和安全导则100余项，制定核安全相关国家标准和行业标准1 000余项。2020年，我国颁布《中华人民共和国核安全法》，标志核安全领域依法治核取得重大突破。国家相关部委据此及时总结国内外最近核安全经验，密切跟踪国际原子能机构和核电发达国家最新安全要求，不断更新法律法规标准，始终保持国际先进水平，进而完善核安全法规标准。

2. 落实并强化核安全监督检查制度

国家建立核安全监督检查制度，对核安全监督管理部门授予充分的监督检查权，确保其对核安全有关活动进行权威、有效监管，确保从事核安全活动的单位严格遵守法律法规规定，保证相关核安全标准及技术规范落在实处。

3. 强化核安全监管能力和人才队伍建设

持续完善我国核安全监管体系，推进核安全监管体系现代化，是推进国家治理体系现代化的重要内容，是全面深化改革的必然要求。这需要强化顶层设计，完善核安全法规标准体系，推进核安全法配套法规的立改废释工作。

(六)加强国际合作，维护国际核安全体系

中国长期积极参与核安全国际组织与国际公约，忠实履行核安全义务，批准并忠实履行《核材料实物保护公约》及其修订案和《制止核恐怖主义行为国际公约》，严格执行联合国安理会防扩散决议。

维护国际核安全体系，是核能事业发展的前提，也是推进全球安全治理、构建新型国际关系的重要环节。2014年，习近平在荷兰海牙第三届核安全峰会上阐述了中国关于"发展和安全并重、权利和义务并重、自主和协作并重、治标和治本并重"的核安全观，引发国际社会积极反响。

中国在掌握第二代核电技术基础上，通过2014年前后消化吸收从美国西屋公司引进的第三代AP1000型核电技术，自主创新出CAP1400第三代核电技术并对外出口，并自主研发"华龙一号"第三代核电技术，用于新型核电站建设。我国自主研发制造的新型核电机组的安全性得到大幅提升，"一带一路"共建国家使用我国核电技术，也将促使地区核安全保障再上新台阶。

任务三　实际操作训练

1. 观看纪录片《抢救切尔诺贝利》，深度感知核泄漏威胁。
2. 请剖析以下案例并分享给同学、朋友等。

案例3：核电与碳中和

★ 微视频

创新发展核电，努力
实现碳达峰碳中和

　　碳中和概念的发展将为核电行业带来什么？碳中和是指企业、团体或个人测算在一定时间内直接或间接产生的温室气体排放总量，通过植树造林、节能减排等形式，以抵消自身产生的二氧化碳排放量，实现二氧化碳"零排放"。简单来说，就是你产生了多少"碳"量，就要通过某些方式来削减或者消除这些"碳"量对环境的影响，实现自身"零排放"。

　　核电行业，一向被视作未来"碳中和"的有力资源之一。对于装机容量百万千瓦的核电机组，每年一辆重型卡车大小的燃料即可。而同等规模的燃煤电厂则需要300万吨煤炭，每天需要100节火车皮运输。核电在稳定运行的过程中，不会产生二氧化硫、氮氧化物和颗粒物等污染物，没有二氧化碳等温室气体排放。

　　一组数据表明，装机容量百万千瓦的核电机组建成发电后，每年可减少标煤消耗约300万吨，减少二氧化碳排放750万吨，二氧化硫6.7万吨，氮氧化物4.2万吨。环保效益相当于种植了2万公顷森林。这些对于其他能源来说，是不可想象的。核电企业，在不进行碳排放的同时，也能为碳补偿提供新的视角。令人欣慰的还有，在核电技术越来越成熟，安全性也得到公众不断认可的情况下，2019年至今，核电审批不断迈上新的台阶，国家战略也将目光投向核电，未来核电在碳中和的道路上，也必定发挥更大的作用。

　　（摘自腾讯网 https://new.qq.com/omn/20210206/20210206A07X8Z00.html，有删改）

项目十

太空安全

任务一　典型案例透视

案例1：我国空间站工程建造大幕正式开启

★微视频

空间站建造阶段
共规划实施6次
飞行任务

2021年4月29日11时23分，中国文昌航天发射场迎来历史性时刻，长征五号B运载火箭在万众欢呼声中震撼起飞，将天和核心舱顺利送入太空，这一壮举标志着我国空间站工程建造大幕正式开启。

习近平致电祝贺空间站天和核心舱发射成功。贺电中指出，建造空间站、建成国家太空实验室，是实现我国载人航天工程"三步走"战略的重要目标，是建设科技强国、航天强国的重要引领性工程。天和核心舱发射成功，标志着我国空间站建造进入全面实施阶段，为后续任务展开奠定了坚实基础。希望你们大力弘扬"两弹一星"精神和载人航天精神，自立自强、创新超越，夺取空间站建造任务全面胜利，为全面建设社会主义现代化国家作出新的更大的贡献！

（摘自中国日报中文网 https://cn.chinadaily.com.cn/a/202205/11/WS627a903aa3101 c3ee7ad4b35.html，有删改）

案例剖析：随着我国空间站工程建造大幕正式开启，我国载人航天工程"三步走"战略目标的关键之战打响。为进一步提升工程的综合能力和技术水平，我国还将研制新一代载人运载火箭和新一代载人飞船。其中，新一代载人运载火箭和新一代载人飞船的返回舱都可以实现重复使用；新一代载人飞船综合能力也将得到大幅提升，可以搭载7名航天员。另外，我国还将开展空间生命科学、空间材料科学、航天医学等一大批科学实验和新技术验证。这些技术会更多地进行转化，服务于经济社会发展和国计民生。

任务二　理论知识学习

一、"谈一谈"：是什么

太空安全是太空系统、太空权益、太空轨道环境等方面不受威胁、侵害的客观状态。对于国家而言，维护太空安全表现为确保国家安全范畴内的太空资产、太空权益和轨道环境免遭自然环境与人类活动所形成的威胁或侵害。

从人类历史发展历程看，太空是继陆地、海洋、大气层之后，人类生存和发展的第四空间。冷战时期，太空力量主要用于美苏战略对抗和军事领域，苏联航天员加加林乘"东方"号宇宙飞船进入太空，第一次实现了人类遨游太空的梦想。当前，随着太空技术的发展，世界主要国家围绕进出、利用和控制太空，相继制定太空战略，竞争日趋激烈。我国一贯主张和平利用太空，为应对新的竞争，必须高度重视太空安全。

（一）对太空资源的合理开发和利用

太空蕴藏着巨大的能源和矿产资源，比地球上可利用的资源要丰富得多，如月球上有丰富的氧、硅、钛、锰和铝等元素，还有地球上稀缺的、高效安全的核发电材料氦-3，其储量高达 100 万至 500 万吨，可满足人类社会近万年的能源需求。金属型小行星上有丰富的铁、镍、铜等金属，有的还有金、铂等贵金属和珍贵的稀土元素。在行星空间，还有真空资源、辐射资源及超洁净资源等。太空矿产资源将可能与频率、轨位资源一样，成为未来大国竞争的重要战略资源。

太空资源的开发与利用也正从科幻变为现实，在政府、私人公司及科研院所等方面的支持下，太空资源的开采与利用迎来了前所未有的发展机遇。我国航空航天技术屡获突破，从载人航天到探月工程，从北斗组网到火星探测，中国航空航天事业走向了自主研发的飞速发展阶段。2021 年 4 月 29 日，搭载着中国空间站"天和核心舱"的长征五号 B 遥二运载火箭，在我国文昌航天发射场点火升空。2021 年 6 月 17 日 18 时 48 分，航天员聂海胜、刘伯明、汤洪波进驻"天和核心舱"，中国人首次进入自己的空间站。建造空间站，是中国航天事业的重要里程碑，将为人类和平利用太空作出开拓性贡献。

（二）对太空军事的合理发展与探索

事实上，自航天技术诞生之时起，太空与军事就密切相关，太空军事是运用太空资源增强军事效率或达成军事目的，包括通信、电子侦察、空中照相侦察、气象监控、早期预警、导航等。2019 年，美国成立太空司令部，明确其辖区范围覆盖海拔 100 千米的所有区域，不仅包括传统的近地球轨道与地球同步轨道，还拓展到地月空间及更远太空。美国大力推动太空军事化，部署反卫星武器，构建由千颗卫星组成的、集战术天基信息支援与攻防一体的下一代太空体系。此外，还大力发展地月空间作战与核热推进火箭技术等，在地月轨道部署态势感知卫星，并启动量子太空传感器项目。美国太空的军事化直接威胁着国际太空的安全，其针对中国的意图不言而明。我国应该积极开展太空外交、推进太空军控，倡导在太空军事方面进行合理发展与探索，竭力避免不必要的冲突与战争。

（三）对太空区域的科学考察与技术研究

探索太空是人类千百年以来的夙愿，从嫦娥奔月等传说就可以看到人们对太空的遐想和寄托。进入 20 世纪，苏联在 1957 年发射世界上第一颗人造地球卫星，标志着人类开始跨进航天时代。太空技术的进步使人类看到了地球之外的宇宙，拓展了人类的认知领域，丰富了太空科学的内涵。太空为全人类所共有，属于公共领域，任何国家的太空行为都具有全球性。当前，太空技术的内涵与边界一直在拓展，太空探索永无止境。在剧烈动荡的 2020 年，全球对太空区域的科学考察仍在多个技术领域成果斐然。例如，太空空间站系统可以使人类长期在太空停留，解决了较大规模的、长期有人照料的空间应用问题，是我国载人航天工程"三步走"发展战略中的第三步任务目标。2022 年 12 月 31 日，习近平主席在新年贺词中宣布"中国空间站全面建成"。

（四）太空区域开发的国际战略竞争

太空区域开发是目前大国博弈的新疆域，也是科技竞争的制高点，承载着未来全人类可持续发展的希望，也是关乎我国未来发展的一个重大战略问题。近年来，美国加速开发太空，颁布《美国商业航天发射竞争力法》，为美国私营企业和个人进行月球及行星资源开发提供法律依据；推进"阿尔忒弥斯"登月计划，试图打造美国主导的月球开发联盟，通过联盟防止潜在竞争对手的威胁。21 世纪以来，我国则以"神舟""天宫"等系列航天工程、"北斗"导航卫星系统取得了举世瞩目的伟大成就。我国对于扩大太空合作一直秉持开放态度，在致信祝贺亚太空间合作组织成立 10 周年时，习近平指出："中国倡导世界各国一起推动构建人类命运共同体，坚持在平等互利、和平利用、包容发展的基础上，深入开展外空领域国际交流与合作。"

二、"议一议"：为什么

从太空安全领域来看，中国载人航天工程于 1992 年正式启动。现如今，中国已成为能够独立开展载人航天活动、掌握空间出舱活动技术的世界航天大国。尽管我国在太空技术领域获得了重大进展，但与太空强国相比尚存有一定差距。随着发达国家的军事触角向外层空间延伸，太空信息化、太空军事化、太空战场化、战争空天化趋势越来越明显，我国面临的太空安全挑战也越来越严峻。

（一）开发外层空间面临的技术挑战

当前世界太空技术水平，中美俄是比较先进的，属于第一梯队。这是我国几代航天人努力奋斗的结果。但在一些核心技术领域，我国仍处于探索阶段，相对滞后。与美国相比，我国的航天系统的运输能力和经济性问题是制约太空探索的瓶颈，特别是与能源利用有关的动力技术，不能满足太空飞行器的动力需求。另外，日本在小行星探索方面的最新成绩令人震惊，日本使用"隼鸟2号"深空探测仪对距离地球3.2亿千米的小行星进行探测，成功采集样本，并顺利带回地球。这是太空技术的重大突破。此外，西方发达国家在航空航天科技领域对我国采取严密的封锁政策，在科研交流、技术转让、设备采购、市场准入等环节上层层设防，遏制了我国太空领域的技术发展。

（二）太空开发经营面临安全问题

二十世纪六七十年代，随着美国、俄罗斯在太空探索方面取得辉煌成绩，国际社会制定了《外层空间条约》《月球协定》等国际法，规范各国在月球和其他天体上的活动。但是，随着空间技术的不断发展，太空大国重启对月球及其他外空天体的探测。2015年11月25日，美国通过了《外空资源探索与利用法》，为私人实体进行小行星采矿提供了法律依据。2017年7月13日，卢森堡也颁发了旨在鼓励私人开采小行星资源的《探索和利用空间资源法》，太空活动商业化得以快速发展。美国行星资源公司、深空工业公司开启了"太空淘金"行动。

然而，私人实体的商业化行为源于美国、卢森堡的国内法而非国际层面立法。《外层空间条约》第1条第1款明确指出，探索和利用外层空间，包括月球及其他天体在内，应本着为所有国家谋福利与利益的精神。《月球协定》第11条前3款明确了月球及其资源的法律地位：作为全人类的共同财产，月球不得由国家依据主权要求，通过利用或占领，或以任何方式据为己有，月球表面或表面下层的自然资源均不应成为任何国家、政府间或非政府实体或任何人的财产。显然美国发布的《外空资源探索与利用法》所赋予的私人实体对小行星矿产资源的开采是违反国际条约的。从当前来看，小行星资源开采的法律法规具有很大的争议，是威胁太空安全的新因素。因此，国际社会对太空开发经营的问题必须予以重视，建立健全相关机制政策，以"人类命运共同体"为理论指导，在太空开发经营方面建立统一的国际规范。

（三）太空区域开发的国际规则塑造问题

1957年苏联发射了世界第一颗人造地球卫星，随后美国、英国陆续跟进太空力量建设。经过60多年的发展，以美国、欧盟和俄罗斯为代表的国家建立起体系较为完善的太空力量。近年来，太空军事化、武器化趋势越来越明显，不仅严重影响卫星在轨运行，还严重影响国际战略的稳定与平衡，以及对太空区域国际规则的塑造。2014年奥巴马政府以启动太空战略评估为起点，重拾备战太空的强硬立场；2017年特朗普入主白宫后在太空安全领域更趋激进，2019年美国重建太空司令部，捍卫美国、盟友及其伙伴的太空利益。美国一系列太空安全战略刺激了更多国家的太空政策，加剧了国际太空军备竞赛。印度在2019年3月进行反卫星实验，试图加强太空对抗能力。法国在2019年7月发布《太空防务战略》，提出在卫星装备机枪等太空武器计划。2020年5月日本则建立"宇宙作战队"。世界各大国的太空战略使太空区域开发的国际规则塑造面临诸多问题，严重威胁人类及地球安全。

（四）太空碎片越来越多，严重阻碍人类活动

航天飞机、太空飞船、卫星和空间站等各种航天器竞相登场，使太空轨道上的飞行碎片越积越多，形成太空垃圾，直接威胁飞行器安全，影响航天器进出太空以及在轨运行等。据美国航天局保守估计，地球轨道上的太空碎片在1亿件以上，完全有可能撞击在轨正常运作的飞行器。2019年印度宣布完成反卫星实验，击落了一颗高度在300千米的低轨卫星，再次制造了400枚轨道碎片，其中25块碎片漂浮在国际空间站远地点的上方，威胁着国际空间站的安全，也加剧了太空安全治理的难度。

三、"研一研"：怎么办

为解决太空安全问题，需要国际社会从技术、法律等方面入手，拓宽卫星频轨资源，公平地分配、利用频轨资源。针对太空安全所遭受的威胁，我们应采取措施有效应对。

一是完善太空资源自我保护系统。发展航天事业，建设航天强国，是我们不懈追求的航天梦。我们要坚持优先发展的太空安全观，以发展求安全，以建设航天强国、维护国家太空安全为牵引，发挥社会主义制度优势，深化机制改革，合理配置资源，集中力量，提升航天工业基础能力，完善太空基础设施体系，不断提高进入太空的能力。建立完善的飞行器自我保护系统，增强北斗导航卫星的自我防护功能，加强我国太空军用卫星的自身识别功能，通过自身的保护系统，避开来自地球外力和太空垃圾的破坏，实现较好的自我保护。

二是构筑中国特色太空攻防体系。面对太空军事化和太空战的现实威胁，我国必须采取措施加快空间技术和航天力量的发展，构筑中国特色太空攻防体系。我们主张和平利用太空，但是面对已知、未知的太空安全风险，也要高度重视威慑能力的有效性问题，适度发展太空反制能力和手段，有重点地发展自己的"定海神针"，以不断增强的太空能力营造和平、清洁、安全发展的太空环境。为确保国家战略安全，我们可以在发展反卫星技术上争取突破，大力发展反导技术、激光致盲防护技术等，增强我们在地面、空中或外层空间攻击敌方卫星的能力。

三是完善太空法治建设。太空安全之所以受到威胁，就是太空军事化的泛滥造成的。这与国际上倡导的和平利用开发太空的宗旨相背离。太空行为缺乏约束，太空法治建设缺失，加剧了太空军事化的进程。目前，处理太空事务的五个国际条约，即1967年的《外层空间条约》、1968年的《营救协定》、1972年的《责任公约》、1976年的《登记公约》和1984年的《月球协定》，强调要把太空作为"全球公地"，要以国际合作来确保太空安全，但它们是以软法形式出现的，对国际太空行动体没有强制性约束，从而留下了安全隐患。为此，我们必须倡导制定完备的太空法制体系，建立完善的太空安全治理机制，遏制太空武器化，确保太空的安全。

四是打造太空人类命运共同体。推动太空治理机制机构建设，构建权威机构，修订法律规则，加强大国协作，推进国际太空合作。当前，各国不断加大对太空和航天领域的投入，以信息技术为核心的新式太空技术和空间武器不断出现，世界太空力量建设进入新一轮加速发展期。应联合国际太空国家，打造多边多方、多种主体参与，共建相对稳定、安全共享、造福人类、可持续发展的太空安全新秩序，打造和平利用、合作共赢，共治共商、共建共享的太空人类命运共同体。

任务三　实际操作训练

1. 你认为太空区域发展能够给我国当前的发展带来什么好处？请讲一讲。
2. 请剖析以下案例并分享给同学、朋友等。

案例 2：詹姆斯·迪金森炒作中国太空机械臂技术

2021 年 6 月 17 日上午 9 时 22 分 31 秒，中国长征 2F 遥十二火箭搭载神舟十二号载人飞船点火升空。在历经 6 小时 32 分钟飞行后，神舟十二号飞船与天宫空间站完成对接。

★ 微视频

炒作中国太空
机械臂技术

当国际友人纷纷投来羡慕、赞扬与祝贺之时，美国四星上将詹姆斯·迪金森又炒作所谓"中国太空威胁"。他说中国实践-17 号卫星配备有怪异的机械臂，能够实施太空抓捕行动。他还称中国凭借先进的太空机械臂技术，可以在未来的太空中抓取他国卫星。他还认为，中国空间站天和核心舱的机械臂，也是一件太空武器，可以用来拽落或拿捕美国的卫星。

事实上，空间站上都有一个大型机械臂，以帮助航天员出舱处理相关事宜。如苏联二十世纪七八十年代研制的和平号空间站和国际空间站，都有一个大型机械臂，主要为航天员出舱提供便利与安全保障。需要指出的是，不管"天和机械臂"功能有多强大，我们只是用它来建设自己的空间站，将我们自己的空间站建设得更强大，让航天员出舱更便利而已。

（摘自腾讯网 https://new.qq.com/omn/20210421/20210421A07HYE00.html，有删改）

项目十一

深海安全

任务一　典型案例透视

案例1：人类探索深海技术的发展

★ 微视频

载人深海潜水器
不断刷新人类
探索自然的边界

深海的独特环境决定了人类对深海探索的巨大难度。深海区域具有高压、黑暗、寒冷等特征，马里亚纳海沟处的压力甚至可以达到1100个大气压，远远超出了人类身体以及普通金属材料能够承受的极限。深海海底地形复杂，存在大量深海热泉，会喷发出温度在300℃以上的热泉，对进入其中的生物构成极大威胁。

人类探索深海技术的发展是一个漫长的过程。1934年，美国科学家威廉·毕比（William Beebe）等人对百慕大深海区域进行了水下探测，下潜至水下900多米的深度，此举开启了人类深海技术变革的序章。1948年，瑞士物理学家奥古斯特·皮卡德（Auguste Piccard）驾驶他设计的深海潜水器，创造了数项世界潜水纪录，这为二战后人类加速探索深海提供了重要的技术支撑。二战后，美苏等国充分认识到了深海所具有的军事战略价值，加速"进军"深海的步伐。1957年，苏联派出海洋考察船"斐查兹"号，利用超声波探测仪对位于太平洋的马里亚纳海沟进行了详细的探测，探测出10 990米的深度，同时发现了深度达到11 034米的查林杰深渊。1960年，美国海军在瑞典皮尔德父子的帮助下，利用重达150吨的"的里雅斯特"号深潜器下潜至10 916米深的马里亚纳海沟"挑战者深渊"。此后，法国、日本以及中国等国的深海探测器也相继面世。2020年6月，中国自主研制的"海斗一号"在马里亚纳海沟成功完成了首次万米海试，最大下潜深度达到10 907米，刷新了中国潜水器最大下潜深度纪录，同时填补了中国万米作业型无人潜水器的空白。2020年11月10日8时12分，"奋斗者号"在马里亚纳海沟成功坐底，坐底深度10 909米，刷新中国载人深潜的新纪录。

（节选自《深海安全治理：问题缘起、国际合作与中国策略》. https://www.163.com/dy/article/GAN0HE6I0534VQI7.html，有删改）

案例剖析：人类对深海"暗世界"的探索刚刚开始，有着无比灿烂的前景，但是需要的是创新而不仅是模仿。当前，我国的深海研究和开发也走到了历史的十字路口，格外需要以史为鉴，研究国际先行国家的经验教训，最终转化为自己的核心竞争力。

任务二　理论知识学习

一、"谈一谈"：是什么

深海安全是指维护国家和平探索和利用深海，增强安全进出、科学考察、开发利用的能力，加强国际合作，维护我国在深海的活动、资产和其他利益的安全。国际上对深海的定义是 200 米以下水深的海域。深海特点为：高压，底层水流速缓慢，无光，水温低，海水盐度高、氧含量较丰富，沉积物多。深海争夺已经日趋"白热化"，我们必须深入思考维护深海权益的相关重大问题。

由于全球海洋 90% 的海域水深大于 1 000 米，而海洋面积占地球总表面积的 71%，因此，深海海域的面积约占地球表面积的 65%。迄今为止，人类对海洋空间的认知仅有 5% 左右，余下的未知空间基本上都是深海。深海是地球上最后的未被人类全面系统感知和利用的地理空间。深海空间巨大，潜在战略价值近乎无限。鉴于人类正加快走向深海，深海的战略形势将极大程度上左右未来的国际海洋政治格局。

我国大陆海岸线长达 18 000 多千米，是世界上海岸线最长的国家之一。海域辽阔，海底蕴藏有丰富的石油和天然气资源。以南海为例，我国南海油气资源极其丰富，70% 蕴藏于深海。2012 年 5 月，新华社发文《我国首座深水钻井平台"海洋石油 981"首钻成功》，称整个南海盆地群石油地质资源量在 230～300 亿吨，天然气总地质资源量约为 16 万亿立方米，占中国油气总资源量的 1/3，其中 70% 蕴藏于 153.7 万平方千米的深海区域。深海丰富的资源储量、商业利益以及战略意义让世界各国将其作为新的焦点竞争。此外，随着深海作战技术的出现，深海战场作战将向全维度、全时段和非对称的作战样式转变，严重影响国际海洋战略格局，并可能对我国海洋安全带来严重影响。

深海安全是指国家的深海权益不受侵害或遭遇风险的状态，主要包括以下三个方面。

(一)加强对深海资源的合理开发和利用

自古以来，海洋源源不断地向人类提供各种资源，是人类的巨大宝库。特别是近年来，由于全球人口不断增长，陆地上相关资源被大量开采，生态环境不断恶化等，深海矿产资源格外受关注，成为人类维系生存发展的重要方向领域。深海中储存有大量石油资源、可燃冰、各类金属矿物等资源，这是人类的共同财产。目前，世界上已有很多国家和地区发展深海采矿行业，我国也在积极开发深海资源。但是，深海开发会对海洋环境产生重要影响，因此，相关国际机构应制定严格的国际标准，规范资源开发的主体资格，保障深海资源勘探开发行业健康有序发展，更好地维护全人类的共同利益。

(二)加强对深海军事的合理发展与探索

现代以来，世界各国对海洋事务的重视程度不断提高，从 19 世纪的英国到后期崛起的美国，都注重海洋力量的发展。21 世纪更是被誉为"海洋的世纪"，海洋安全涉及海权、海军战略、海洋军事的发展等，这些都是海权建设的重要内容。当前，依托科技支撑，深海作战优势已经成为美国、俄罗斯等国海上军事力量建设和发展的方向。2013 年，美国研发"深海上浮式有效载荷"系统，其可长时间水下潜伏，可执行深海探测及多种对空对海打击任务。2018 年，俄罗斯公布"波塞冬"核动力鱼雷，它是当前世界上最具威慑和毁灭能力的深海武器。深海军事事关大国军事战略与作战方式，是构筑军事安全的关键点，也是我国总体国家安全的重要组成部分，需要合理地发展与探索。

(三)加强对深海区域的科学考察与技术研究

国际海域面积将近 2.5 亿平方千米，是人类目前尚未充分认识的最大空间。科技是推动人类发展最为重要、最为积极的先导因素，对深海的认识与保护是对海洋可持续利用的基础，对深海区域的科学考察与海底勘探技术等的研究是深海领域安全能够发展的有效支撑。进入 21 世纪，我国进一步加大深海科学考察和资源勘探，现已基本能够在深海开展地壳构造、海洋化学、生命起源以及深海物质组成等基础性研究，不需要耐压外壳便能承受万米级别深海静水压力的仿生深海软体机器人已实现了重大突破，将进一步为深海探索科考、环境监测与资源勘探提供解决方案。此外，我国首台自主设计、自主集成研制的作业型深海载人潜水器"蛟龙"号是目前世界上下潜能力最深的作业型载人潜水器，标志着我国深海潜水器成为海洋科学考察的前沿，标志着我国海底载人科学研究和资源勘探能力已达到国际领先水平。

二、"议一议"：为什么

相较西方发达国家，我国在深海安全领域起步较晚。2012 年自主设计的首台作业型深海载人潜水器——"蛟龙"号，是目前世界上下潜能力最深的作业型载人潜水器。另外，我国完全依靠自己的力量建设了核潜艇部队。但是，随着深海作战技术的出现，深海战场作战将向全维度、全时段和非对称的作战样式转变，我国深海安全也面临诸多威胁与挑战，并可能对我国海洋安全产生影响。

(一)开发深海区域仍面临技术挑战

2020 年我国深海潜航虽首次突破 1 万米，但从当前我国深海科学研究与应用开发的全局上看，与美国等发达国家的差距仍然显著。我国的深海资源开发技术与装备、深海探测与通信技术、深海空间开发利用等方面问题较为突出，深海科技风险较大，是制约和影响深海领域发展建设的关键挑战。具体而言，海上钻井工程在特殊的海上环境中，存在的缺陷始终防不胜防，需要先进的高性能防腐蚀装备材料、相应的高新技术手段和仪器来检验、维护设施，否则一个小的故障就有可能引发大的灾难。其他如地震成像、声波感应等深海技术仍需进一步研究。

（二）深海生态安全问题

作为全球生态问题的重要部分，深海生态问题已经引起了国际社会的重视。当前，大量的、最为严重的海洋污染物主要集中在靠近陆地的近海海域和浅海海域，由于深海水体与浅海水体之间的流动交换，海洋污染物终将向深海扩散。据相关研究机构统计，人类每年排入海洋的塑料污染物多达千万吨。通过解剖一些深海动物发现，沉积在深海海底的各种塑料污染物呈增加态势，深海生态不断恶化。这不仅影响到深海生态平衡，对于食用海洋食品的人类来说，污染物一旦进入人体，将对健康产生危害。此外，人类在深海科学考察、深海海底资源勘探与开发过程中也会不可避免地产生各种污染物排放，如液体有机物、金属化合物等，深海作业活动也会破坏深海生态。因此，作为海洋生态安全的组成部分，深海的生态安全也应该成为深海开发与建设中的重要内容。

（三）深海区域开发的国际规则的问题

当前，国际海底区域矿产资源勘探开发活动主要以国家担保义务为核心，缔约国应确保承包者遵守《联合国海洋法公约》(UNCLOS)、《关于执行1982年12月10日〈联合国海洋法公约〉第十一部分的协定》、附件及ISA规章所规定的义务。2016年5月，我国正式实施《中华人民共和国深海海底区域资源勘探开发法》。基于新生态、新技术，部分国家大力鼓励商业化开采，私人实体进军深海领域，导致更多超出人类预判的环境迫害涌现，如热能、震动、噪声等的排放对海底生态系统带来的影响等。深海区域开发的核心问题是海底资源应该由谁进行勘探和开发，虽然其以"平行开发"原则为基础，但在国际规则方面仍有诸多问题不断涌现，未来深海领域的开发应该创制出既兼顾现状又放眼未来的弹性法律体系，进而在维护人类共同利益方面发挥引领作用。

（四）探索深海面临着诸多的未知风险，存在着极大的不可预知性

探索深海面临的风险众多，例如，海底地震可能会引发海啸，会造成沿海地区的巨大破坏；海底地震发生时，难免会从地心冒出很多有害气体，会对海洋生物造成严重的危害；海底滑坡除直接危害钻井平台、海底光缆、港口、码头等设施外，大型海底滑坡有时会引起巨浪甚至海啸，造成严重的破坏和损失；海上飓风也是较为常见的自然灾害，它一般伴随强风和暴雨，严重威胁着人们的生命、财产安全，对民生、农业、经济等造成极大的冲击，是一种影响较大、危害严重的海上事件。

三、"研一研"：怎么办

习近平总书记指出："21世纪，人类进入大规模利用开发海洋的时期，海洋在国家经

济发展格局和对外开放中的作用更加重要，在维护国家主权、安全、发展利益中的地位更加突出，在国家生态文明建设中的角色更加显著，在国际政治、经济、军事、科技竞争中的战略地位也明显上升。"其中，深海无疑是重中之重。深海区域对于中国的主权、安全与发展等有着全方位的特殊意义，在维护深海安全问题上应注意把握以下一些问题。

一是关注和强化主权内外深海资源的开发权利。深海各类资源十分丰富，是人类未来可持续发展的物质基础。深海资源的开发利用关系到中国经济社会的可持续发展。中国开发深海行动较早，业已形成一定的基础，属于世界上深海大洋开发的第一梯队，已经在深海拥有包括渔业、基因资源和海底矿产等重大经济利益。中国人口多、发展压力大，中国管辖的海域面积，与国土面积和人口规模严重不相称，只有积极开拓深海空间，才可能成为海洋强国。中国管辖海域内也有深海区域，它们位于南海断续线内、东海东部等海区，处在中国的经济专属区、大陆架和历史性权益区域范围内，这些区域的油气、渔业和海底矿产等资源也非常丰富，是中国建设海洋强国的战略依托，是中国必须积极争取与捍卫的重大利益。

二是加强深海装备技术的研发。发展海洋前沿科技，抢占深海高技术制高点对于开发和利用深海资源，提高海洋战场环境感知能力，维护我国海洋安全与海洋权益至关重要。海洋油气资源丰富，深海区是世界油气资源重要战略接替区。在深海勘探开发方面，要启动深海空间站建设，加强深海探测、深海装备的关键技术研发。"蛟龙号""奋斗者号"证明我国海洋领域勘探开发已经有了快速发展，在深海资源勘探、国家海洋权益维护方面，我们还有大量的关键技术需要重点突破。其中一个重点部署的任务就是深海空间站，要用深海空间站这样一个系统性工程来集成提升我国深海技术和装备的系统开发与研究。此外，还要建设大型深水装备，加快深水油气勘探开发，加快建设海洋强国。

三是加强深海作战问题研究，努力提高我军深海作战能力。深海具有天然的隐蔽性，可使作战力量根据海底地形地貌隐蔽部署，容易达成行动的突然性，是中国对美国等海洋强国进行非对称制衡或作战的战略空间。中国近海地理条件相对不利，地缘环境复杂，深海空间可相当程度弥补中国近海战略空间纵深的不足。中国军事力量强调深海布局，将对中国的国家安全形成一个基本的外线，在毗邻近海的远洋或关键海域给对手构成一定的牵制和掣肘，配合内线力量，粉碎对手的围堵、挑衅和进攻。应围绕深海军事应用前沿技术领域，研究探讨发展深海作战概念，有针对性地推动重大技术群的突破，优化深海装备科技创新体系，使我国具备深海空间防卫能力。应前瞻性地发展深海领域国防装备技术，有重点地对相关技术领域进行投入、布局。

四是加强深海生态环境安全防护。深海由于其巨大的体积和复杂的生态环境，在全球生态体系和环境中发挥着至关重要的调节作用。因人类生产生活活动的发展，深海的环境也在发生变化，并已出现一系列海上安全问题。海洋水文的变化导致地震、海啸、风暴加强，海平面上升，沿海频繁发生洪水灾害，引发大规模的人道主义灾难和危机；北极和南极冰川的大面积融化，将大幅改变未来的全球海洋地缘，有可能导致新的地质灾难。随着人类大规模进军深海，深海相对封闭的环境将受到外界更大的扰动，势必导致新的生态与环境安全问题。对此，中国都难以置身事外，全球深海的生态环境安全同样攸关中国的经济发展和国家安全。另外，深海的生态环境恶化还将直接影响中国在深海的人员、资产、平台等的安全，给中国的海洋开发和军事活动带来巨大的风险和损失。

任务三　实际操作训练

1. 制作一个以"如何加强深海安全"为主题的 PPT，向同学们宣讲深海安全有关知识。
2. 请剖析以下案例并分享给同学、朋友等。

案例 2："蛟龙"号创造载人深潜新纪录

2012 年 6 月 27 日，中国载人潜水器"蛟龙"号在西太平洋的马里亚纳海沟试验海域成功创造了载人深潜新的历史纪录，下潜至 7 062 米海底。这意味着"蛟龙"号已经成为世界上下潜能力最深的作业型载人潜水器，可在占世界海洋面积 99.8% 的广阔海域自由行动。

（摘自搜狐网 https://www.sohu.com/a/152544496_683446，有删改）

项目十二

极地安全

任务一　典型案例透视

案例1：南极温度升高

2020年2月28日，南极乌克兰科考站发现了"西瓜雪"现象。同年8月，欧洲阿尔卑斯山脉也出现粉红色冰川。俄罗斯媒体分析，变色可能是微型藻类繁殖的结果，比如使其呈现红色的就是"雪衣藻"中的类胡萝卜素。研究人员表示，南极温度升高为藻类的生长提供了条件，该现象可能导致极地冰雪消融失控，应引起重视。

★微视频

南极温度升高再现
"西瓜雪"

雪衣藻与大多数藻类不同，它十分耐寒，广泛分布在北极、南极及其岛屿，以及阿尔卑斯地区等极端冰雪环境中。虽然这些雪衣藻本身没有危害，但是它们是加速冰川融化的幕后推手。在寒冷的冬季，它们处于冬眠状态，一旦阳光足够温暖，藻类就会开始复苏。年轻的雪衣藻呈绿色，当它们成熟后会产生红色的类胡萝卜素，这使它们呈现出从绿色到红色的"西瓜色"。一项2016年的研究表明，在北极的一个融雪季里，雪衣藻产生的藻华会使雪反射的阳光量降低13%，这会导致更高的融雪速度。

有数据显示，南极的气温会以每十年0.6℃的速度上升，南极气候变暖的速度是全球的三倍以上，特别是靠北的区域存在速度较快的暖化现象。南极整体处于缓慢变化的过程中。虽然我们要避免刻意夸大其严重性而令人恐慌，但更重要的是，我们要时刻警觉温度变化，关注南极真正的生态现状。

（摘自腾讯网 https://new.qq.com/omn/20210220/20210220A08II100.html，有删改）

案例剖析：在全球温室效应加剧的背景之下，全球气候异常的现象早已经显现了出来，气候异常引发的自然灾害也在逐年加剧。这也就意味着，全球气候已经不再稳定。因此，南极出现的异常的升温问题，我们也不该把它当成一个简单的"偶然事件"来看待。它的出现，更像是地球在提醒我们，温室效应的加剧可能会导致更严重的问题。

任务二　理论知识学习

一、"谈一谈"：是什么

极地安全是指维护国家和平探索和利用极地，增强安全进出、科学考察、开发利用的能力。如今，全球 51 个国家参与了极地科学考察，我国在 2015—2016 年也成功实施了第 32 次南极考察和第七次北极科学考察。具体来看，极地安全主要有三个方面。

（一）对极地资源的合理利用

极地被认为是能源资源的"新中东"，是世界资源的新宝库。从北极自然地理角度看，其总面积约为 2 100 万平方千米，占地球总面积的 4%，北极地区已探明的原油储量约为 2 150 亿桶，天然气 55.6 万亿立方米，油气资源极为丰富。当前，由于地缘优势和受科技水平的影响，北极地区的油气资源主要集中在俄罗斯、美国、挪威和加拿大等国。我国是一个能源相对紧缺的人口大国，对极地进行资源开发有着现实的必要性。《中国的北极政策》白皮书确定了政策目标，强调在坚持"尊重、合作、共赢和可持续"四项基本原则的基础上，积极参与北极地区国际油气资源的合理开发与利用。

（二）对极地区域航道的探索与治理

随着极地冰雪融化的加快，北极将连接欧洲、东亚、北美，北极航线将成为世界交通的新航道。通航北极，不仅可以节约油料成本、缩短通航时间，还能够使各国避开马六甲海峡、亚丁湾等恐怖主义和海盗活动多发的区域，降低远洋航运的风险。因此，积极参与对北极区域航道的探索与治理，努力构建我国北极航道地缘政治理论体系，是我国极地领域安全的一项基本内容。此外，北极是世界军事的制高点，事关国家军事能力建构。在未来，保护北极航线，保证本国利益不受侵犯，是我国军事力量新的战略关注点。

（三）对极地区域的科学考察与技术的深入研究

极地是反映全球环境、气候变化最敏感的区域，对极地的研究可以帮助人们了解和分析全球气候变化，考察全球生态系统。我国的极地考察始于 1984 年，研究重点多集中在极地科学领域，主要包括极地环境与气候、极地生态与微生物、极地地质等，多属于地球科学。经过 30 余年的努力，我国目前已形成由"雪龙"号极地科学考察船、七个科学考察站（南极的长城站、中山站、昆仑站、泰山站、秦岭站和北极的黄河站、中-冰北极科学考察站）和中国极地研究中心组成的科研体系。

二、"议一议"：为什么

20世纪50年代，人类开始真正意义上的现代极地科学考察和南极研究活动。1983年，我国正式成为《南极条约》缔约国，随着南极科学考察站的建立，我国在南极的科学考察不断深入。同时，作为北极理事会观察员国，我国不断深化对北极的探索和认知，保护北极生态环境和应对气候变化，依法合理利用北极资源，积极参与北极治理和国际合作。当前，我国在极地的基础研究能力稳步提升，极地科学考察能力不断增强，取得了一定的突破和成就。但与其他极地强国相比，我国在极地科技创新方面还存在一定的差距，极地安全领域也面临着诸多威胁，其暴露出的问题影响着人类社会的发展以及我国重大的国家利益，事关人类发展与国家安全。

（一）在保护、利用极地区域中面临着科技创新的差距

与极地周边国家相比，我国在对极地能源、矿藏与生物资源的开采与探索方面能力相对薄弱；与美国、俄罗斯、德国和澳大利亚等极地强国相比，我国极地科技创新水平还存在一定差距。从整体上看，我国极地观测探测的关键装备和设施条件仍较匮乏，极地考察基础设施和保障体系的规模仍较小。例如，在极地科学装备方面，我国仅在南极冰盖底部结构、北极海洋酸化、极区空间环境等少数前沿领域取得突破，在南极冰下湖探测等最新前沿领域尚没有足够的技术储备。在极地冰下自主水下机器人、北极冰区组网观测等重大装备以及北极技术研发与应用方面多有滞后，缺少能够开展极地海洋要素实时观测的网络，这些都制约着我国在极地地区的观测与通信导航能力。

（二）极地区域保护利用国际规则不断变化

进入21世纪以来，随着极地区域冰雪融化的速度加快，世界各国对极地的竞争趋于激烈，特别是在北极地区。20世纪前期加拿大提出"扇形理论"，声称将位于两条国界线之间直至北极点的一些土地划归临接沿岸的国家。但是，因北极的地理特征及没有得到大部分国家支持，其不能成为一项国际法规则。尽管后来制定的《联合国海洋法公约》《斯瓦尔巴德条约》确立起关于北极的基本国际法框架，但在实践中仍有很多争议，如北极地区部分岛屿、领土的主权争端，海洋划界的争议，以及关于北极航道管辖与通行权的争议。全球变暖、科技进步给这片被海水环绕的蛮荒之地带来很多新变化，北极航道潜在的经济和地缘战略价值不断彰显，如它会使太平洋和大西洋航线缩短数千千米。因此，俄罗斯、加拿大等北极沿岸国家都想通过有利方式强化对航道管辖与通行权的掌控，但美国、欧盟多数国家表示强烈不满，美国一度未经许可在北极航道自由航行，挑战俄罗斯、加拿大的利益。在极地区域，产生了诸多具有争议的问题，由此国际上签订了一系列公约、协定和条约。国际规则的频繁调整与塑造，不仅影响着我国对极地区域的保护与利用，而且改变着我国在极地区域的利益以及国家安全。

（三）极地区域日趋严重的环境问题

极地是地球的重要组成部分，虽地理位置偏远，但仍不能摆脱人类活动所产生的各种污染。由于大气、河流的扩散作用，两极汇聚着大量有机污染物，低温地区有机物分解十分缓慢，从而对人类和动物产生更大的危险；原油泄漏是重大的污染问题，极地脆弱的生态系统、恶劣的自然环境使其承受污染的能力更低，而近年在极地日益增多的油气开采、加工和运输为极地带来严重的环境隐患；硫化物和氯化物等酸性气体通过大气流动汇聚在极地上空，诱发的气候变暖趋势比世界其他地区更加明显，冰川加速融化、海平面上升、极端天气频发等问题对人类生存构成巨大威胁。此外，极地地区重金属污染、垃圾与废弃物污染也不断增多，不仅影响极地生态，而且通过生物链传递也将影响人类健康与生存环境。

三、"研一研"：怎么办

当前，极地作为重要资源和能源的主储存地，已成为各国争夺的新疆域。许多国家都把极地研究与极地开发作为国家的一项重要战略。因全球气候的变暖，北冰洋每年可通航的时间大大延长，对北极进行开发和利用可使海上运输成本节约40%。因此，极地争夺已经日趋白热化。我们必须深入思考维护极地权益的相关重大问题，在完善极地治理规则、促进极地和平与安全等方面应当也可以大有作为。

一是倡导极地"人类命运共同体"理念。理念是行动的先导，道义是赢得主动的基础。"人类命运共同体"理念，是我们为应对当今世界面临的全球性挑战、解决人类面临的共性问题而贡献的中国智慧、中国方案。这一主张从2017年2月开始已被多次写入联合国文件，得到国际社会的广泛欢迎和认可。人类生活在同一个地球上，在极地安全问题上是你中有我、我中有你的命运共同体。习近平主席明确指出："要秉持和平、主权、普惠、共治原则，把深海、极地、外空、互联网等领域打造成各方合作的新疆域，而不是相互博弈的竞技场。"相继发布的《中国的南极事业》和《中国的北极政策》白皮书都阐明了中国愿与国际社会一道，携手迈进，打造南极"人类命运共同体"，共同认识北极、保护北极、利用北极和参与治理北极的鲜明立场。可以说，倡导并推行极地"人类命运共同体"理念，既有助于破除"中国威胁论""资源饥渴论"等，筑牢我国参与极地治理的道义基础，又有助于树立我国作为负责任大国积极维护极地安全的正面国际形象。

二是坚定奉行多边主义，在极地公域谋求共商共建共享。坚持大家的事商量着办，提出以公平为导向、以共赢为目标、各方切实遵守共同制定的治理方案和行为规则，是防范极地公域"私域化"的重要举措。在涉及极地安全不同议题上，我国应坚定不移支持和践行多边主义，坚决维护以《联合国宪章》和《联合国海洋法公约》为核心的现行极地国际治理体系，在规则制定、解释、适用和发展中发出更多中国声音、注入更多中国元素，推动极地治理规则制定公正化、民主化，从而避免少数国家对极地公域事务的垄断或设置准入壁垒，切实维护和拓展广大新兴市场国家和发展中国家安全发展利益。我国应坚持参与北极治理"不越位、不缺位",参与南极治理"不为我所有、但为我所用"的基本立场,加强与北极国家在海空搜救、海上预警、应急反应、情报交流等方面的国际合作,借助"冰上丝绸之路"合作倡议与北极国家的北极开发战略进行对接。同时,在南极特别保护区、南极特别管理区、南大洋海洋保护区等涉及实质性存在的议题上,利用作为南极国际组织成员的特殊身份,继续推动国际南极治理体系的完善,与有关各方一同进一步加强南极科学考察领域的合作与交流,共同维护南极的长期稳定与和平利用。

三是加强能力建设,走军民融合共护极地安全新路子。我国参与极地公域事务之所以会受到掣肘和挑战,主要是因为"技不如人"。我国在极地科考方面的投入有限,装备和能力建设仍有不足,无法与美、俄等具有军事、技术等优势的先入者相比。另外,由于"防备心理"作祟,西方国家对我国参与极地治理心存芥蒂,既希望我"出力",又担心我"出头",怕挑战其主导权,故对我国千方百计进行阻挠和牵制。因此,增加我国在极地治理规则制定中的话语权和主导权,首先就要做到"自身硬",努力提高经略极地的能力和实力。习近平主席指出,维护我国海外利益和公民安全,光喊口号、发声明、作谴责、提抗议是不够的,必须有实质性的力量和手段。近年来,服务于"一带一路"倡议,我国陆续在全球海域的关键航路节点设置了商业—军事相结合的港链体系,建立了较为灵活的基地和供给网络,为海军在全球海洋公域的行动提供补给和支撑。当然,我国要将安全保障能力切实延展到极地区域,还需要在远洋能力、破冰能力、空中投放、航空保障等方面加大军民融合力度。特别是要紧跟国家利益拓展步伐,灵活审视和运用极地相关条约非军事化条款,积极探索极地科学考察、商业开发活动和军事资源保障的融合路径。同时,加强在极地公海区和重要通道节点建立观监测网络,进行海冰和地形地貌等调查,开展卫星通信和大气物理、冰下声呐和水声传播等军民深度融合项目研究,善于借助军民融合优势不断提升我国维护极地安全的行动能力。

四是加强极地工程建设,研发进入极地的运输装备。走进和开发极地是一个系统的战略工程,涉及进入、探测、运输、冰区管理、平台供应和应急救援等多项问题,需要攻克更多更重要的关键技术问题,要在极地实现"进得去、待得住、管得了"。如今,我国北极考察站有黄河站、中-冰北极科学考察站,南极考察站共有五个,分别是长城站、中山站、泰山站、昆仑站和秦岭站。此外,我国研发了第一艘自主建造的极地科学考察破冰船"雪龙2"号。还要自主设计建造适应我国战略需求的重型破冰船,同时做好极地钻探相关技术储备。极地船舶大致可分为过境航行、极地资源开发与运输、极地科学考察三种类型。未来还应该研发核动力破冰船,进一步提高我国进入极地的能力。时机成熟可建自有冰池,建立实船验证体系,大力培养富有经验的极地船舶操纵和管理人员,充分验证极地航行操作导则并持续改进。同时,加快我国北极航道气象、保险等服务的发展,让极地真正成为"聚宝盆"和"黄金航道"。

任务三 实际操作训练

1. 如何有效地践行极地"人类命运共同体"理念,向同学们宣讲有关知识?

2. 请剖析以下案例并分享给同学、朋友等。

案例2：极地曙光号

★ 微视频

"极地曙光"号以前是一艘捕猎海豹的船，绿色和平组织于1995年购买了这艘船，将它改装为破冰船，并名为"极地曙光号"。

"极地曙光"号第一次行动就是著名的 Brent Spar 事件，它成功地阻止了壳牌(Shell)石油公司将报废的钻井平台"Brent Spar"沉入北海。在1997年，"极地曙光号"成为人类历史上首度成功环绕南极 James Ross Island 航行的船。

共襄构建人类命运共同体的伟大事业

"极地曙光"号亲身贯彻无污染航海。船上的生活垃圾分成塑料、玻璃、金属、纸、食物、其他六类，有专门的垃圾处理员将船上每天产生的生活垃圾分类储存，并定期用压力锤压缩，等"极地曙光"号结束整个考察任务回到荷兰后，将这些垃圾送到当地的垃圾处理厂，进行循环再利用。

"极地曙光"号上所使用的清洁剂，包括肥皂、洗洁精、洗衣粉等，都不含有毒有害化学物质，符合绿色环保标准。同时，船员所食用的蔬菜水果也都是无公害有机食品，不使用农药。下水道中的废水并不是直接排入大海，而是先储存在废水箱里，经过净化处理才排放。

为节省燃料，减少废气排放，"极地曙光"号将船速控制在较慢的水平上，尽可能提高柴油燃烧效率。

（摘自360百科 https://baike.so.com/doc/428862-454166.html，有删改）

项目十三

生物安全

任务一　典型案例透视

案例1：日本"731部队"罪恶滔天

★ 微视频

日本"731部队"
罪行滔天

抗日战争时期，日本帝国主义为扩大对华侵略，违背日内瓦议定书，秘密组建了"731部队"。这支部队共设有4个专门进行细菌研究与实验的机构、4个支队，总人数达到3000余人，是二战期间世界历史上规模最大的细菌武器研制的大本营。

日本"731部队"在我国东北地区大肆研究生产鼠疫杆菌、炭疽杆菌、霍乱弧菌、伤寒和副伤寒沙门氏菌及痢疾杆菌，甚至惨绝人寰地进行人体活体实验，包括活体解剖和细菌感染，以研究各种生物战剂的杀伤效果。我国的抗日人士以及平民百姓被"731部队"当作实验品强制进行生物战剂感染的实验研究，感染途径包括口服、注射、媒介昆虫叮咬、爆炸后的气溶胶暴露等。在抗日战争期间日军曾在浙江宁波、湖南常德、浙赣铁路沿线等地区实施细菌战，造成中国大量人员伤亡，其反人类的罪恶活动骇人听闻。

（摘自腾讯网 https://new.qq.com/omn/20211212/20211212A0356V00.html）

案例剖析：生化武器投入使用后，人们的第一反应通常是，这不是军事打击行动所致，而是由传染病暴发及危险化学品泄漏而导致，故而具有较大的迷惑性。生化武器的防治难度也很大，其发挥杀伤效用后，凭借着自身特质及自然因素中和，会快速蔓延发酵，令人防不胜防。因其危害严重，1972年，联合国签署了禁止生物武器的公约。

任务二　理论知识学习

一、"谈一谈"：是什么

生物安全是指国家有效防范和应对危险生物因子及相关因素威胁，生物技术能够稳定健康发展，人民生命健康和生态系统相对处于没有危险和不受威胁的状态，生物领域具备维护国家安全和持续发展的能力。2020年10月17日，第十三届全国人民代表大会常务委员会第二十二次会议通过《中华人民共和国生物安全法》。根据该法规定，生物安全主要包括以下几个方面。

（一）防控重大新发突发传染病、动植物疫情

重大新发突发传染病，是指我国境内首次出现或者已经宣布消灭再次发生，或者突然发生，造成或者可能造成公众健康和生命安全严重损害，引起社会恐慌，影响社会稳定的传染病。纵观人类社会历史，疫病的流传与防控是世界历史的重要部分。从雅典城邦的瘟疫到中世纪黑死病的肆虐，从近代英国鼠疫的反复到新冠病毒在全球的蔓延，重大新发突发传染病、动植物疫情始终与人类相伴，危及人类生命健康，对社会造成极大破坏。因此，对各类传染病、动植物疫情的防控是生物安全的首要内容。

（二）加强对生物技术的研究、开发与应用

对生物技术的研究、开发与应用，是指通过科学和工程原理认识、改造、合成、利用生物而从事的科学研究、技术开发与应用等活动。国家加强对生物技术研究、开发与应用活动的安全管理，禁止从事危及公众健康、损害生物资源、破坏生态系统和生物多样性等危害生物安全的生物技术研究、开发与应用活动。从事生物技术研究，应当符合伦理原则，遵守国家生物技术研究开发安全管理规范。近年来，伴随着我国生物经济的快速发展，生物安全技术也取得了一定的进步，我国在新发病原体研究、外来生物入侵防控、基因合成与编辑技术等技术上取得了突破性进展。

（三）加强对病原微生物实验室的安全管理

病原微生物，是指可以侵犯人、动物引起感染甚至传染病的微生物，包括病毒、细菌、真菌、立克次体、寄生虫等。病原微生物实验室是检验病原微生物的主要场所，由于相关人员在实验室工作时需要频繁使用具有致病性的微生物，若不注重防护或操作不规范，均会为病原微生物的传播创造有利条件。因此，为了加强病原微生物实验室（以下称实验室）生物安全管理，保护实验室工作人员和公众的健康，我国在2004年11月5日通过了《病原微生物实验室生物安全管理条例》（2016、2018年两次修订）。根据管理条例规

定，国务院卫生主管部门主管与人体健康有关的实验室及其实验活动的生物安全监督工作；国家对病原微生物实行分类管理，对实验室实行分级管理；国家实行统一的实验室生物安全标准。实验室应当符合国家标准和要求；实验室的设立单位及其主管部门负责实验室日常活动的管理，承担建立健全安全管理制度，检查、维护实验设施、设备，控制实验室感染的职责。

（四）加强对人类遗传资源与生物资源安全管理

人类遗传资源，包括人类遗传资源材料和人类遗传资源信息。人类遗传资源材料是指含有人体基因组、基因等遗传物质的器官、组织、细胞等遗传材料。人类遗传资源信息是指利用人类遗传资源材料产生的数据等信息资料。国家加强对我国人类遗传资源和生物资源采集、保藏、利用、对外提供等活动的管理和监督，保障人类遗传资源和生物资源安全。此外，采集、保藏、利用、对外提供我国人类遗传资源，应当符合伦理原则，不得危害公众健康、国家安全和社会公共利益。

（五）防范外来物种入侵与保护生物多样性

外来物种入侵，是指一定地域范围内原本不存在的某些物种，经人类有意或者无意引入后，在自然条件下建立种群并对本地性质相异的生态系统造成不良影响或者对生物多样性构成威胁的现象。外来物种入侵对生态安全产生极大威胁，对生物多样性、生物安全和国民经济产生诸多负面影响。2019 年，世界自然保护联盟公布的全球 100 种最具威胁的外来入侵物种中，入侵我国的就有 50 余种，每年造成的经济损失超过 1 200 亿元人民币。我国是世界上生物多样性最为丰富的国家之一，同时亦面临生态退化、物种减少、外来物种入侵、遗传多样性遭到破坏等问题，这对国家生物安全构成了严峻的挑战。依据《中华人民共和国生物安全法》规定，防止外来物种入侵是保护生物多样性的重要举措。

（六）全力应对微生物耐药

微生物耐药，是指微生物对抗微生物药物产生抗性，导致抗微生物药物不能有效控制微生物的感染。近年来，人口老龄化、免疫力下降导致疾病传播增多，进而促使耐药现象也不断增多，人口密集、交通网络发达加大了耐药性微生物的传播范围；人们意识不足以及抗微生物药物在人和养殖畜禽身上的滥用，更加剧了这一问题的严重性。联合国发布的一份报告强调，如果不采取行动，到 2050 年，耐药性疾病每年可能导致 1 000 万人死亡；到 2030 年，抗微生物药物耐药性问题可能会使多达 2 400 万人陷入极端贫困。因此，我国政府各部门和全社会需要协调行动，尽量减少耐药性微生物的出现和传播，维护生物安全。

（七）防范生物恐怖袭击与防御生物武器威胁

生物恐怖是指故意使用致病性微生物、生物毒素等实施袭击，损害人类或者动植物康，引起社会恐慌，企图达到特定政治目的的犯罪行为。生物武器，则是指类型和数量不属于预防、保护或者其他和平用途所正当需要的，基于任何来源或者任何方法产生的微生物剂、其他生物剂以及生物毒素；也包括为将上述生物剂、生物毒素使用于敌对目的或者武装冲突而设计的武器、设备或者运载工具。我国将采取一切必要措施防范生物恐怖与生物武器威胁；禁止开发、制造或者以其他方式获取、储存、持有和使用生物武器；禁止以任何方式唆使、资助、协助他人开发、制造或者以其他方式获取生物武器。

二、"议一议"：为什么

全球化时代，生物安全领域形势严峻。2019 年，世界卫生组织和世界银行共同召集的全球防范工作监测委员会首份报告《一个危机四伏的世界：全球突发卫生事件防范工作年度报告》显示，各种全球趋势加剧了突发公共卫生事件的风险，而过去的只是序幕，未来快速传播的高致命性呼吸道病原体大流行威胁将切实存在，将极大地影响人类的生命健康和地球的生态环境，对国家经济社会发展造成严重危害。

(一)传染病等重大疫情对民众生命、人类健康的危害

传染病是人类历史变迁的隐秘动力。在古代，医学技术高度不发达，某种程度上传染病能够左右城邦或帝国的兴衰。如公元前 430 年左右雅典瘟疫的暴发，造成大量人员伤亡，导致社会秩序紊乱；古罗马暴发的多次瘟疫使其公民生命和社会财富损失惨重；14 世纪黑死病以惊人的速度扩散至整个欧洲，使欧洲损失了大约 1/3 的人口，有些城镇的死亡率甚至超过了 50%。人类历史上还出现过疯牛病、猪瘟、禽流感等传染性疾病危机。全球化时代，人类所处的生存环境比以往任何时候都更具不可预见性、不易控性和危险扩散性，重大传染病仍然威胁着人类的生命健康。近十年，世界范围内相继出现了甲型 H1N1 流感、高致病性 H5N1 禽流感、高致病性 H7N9 禽流感、埃博拉、寨卡等重大新发突发传染病疫情，其传播速度快、传播范围广，危害着全人类的生命健康。

(二)生物科技面临的挑战与短板

根据技术类型的阶段划分，当前世界主要国家已经进入所谓的第六次技术创新浪潮，生物科技将成为未来深刻改变或影响人类发展的重大因素。生物科技是关于生物和生命存在、发展、演化的科技，与人类社会发展方向趋同。生物科技的革命性突破，有助于解决人类所面临的生存和发展等重大问题，如粮食不足、资源短缺、能源紧张等。然而，与美国等生物科技水平领先的国家相比，我国的生物技术在重大基础理论和基础技术方面原创成果相对较少，关键核心技术不足，生物领域顶尖人才缺失，长期处于跟跑阶段；同时，生物管控体系和能力相对缺乏，致使面临的形势更加复杂。因此，我国必须保持对生物科技变革前沿的感知，提高生物科技发展方向重大议程设置能力、战略传播能力，完善科技短板，提升生物科技的创新能力和管控能力。

(三)生物因素对国家社会的危害

近半个世纪以来，以"生物"为核心的技术发展迅猛，其涉及领域众多，影响非常广

泛，具有双刃剑效应。从负面情况来看，生物安全形势从温和可控向相对严峻转向，产生了一系列的伦理道德和社会安全的问题。例如，转基因动植物的潜在风险、克隆技术所带来的伦理学问题和法律问题、基因武器灾难和生物恐怖问题等。基于病毒、细菌以及基因片段的生物战争，具有易行性、隐蔽性、突发性、威胁性等特征，一旦出现，极易在社会人群中造成恐慌心理，改变人流、物流、财流的流向，使大量生产和生活活动中止，使国家社会经济的运行链条出现重大偏移，严重时可能诱发经济和社会危机。此外，自然发生的、人为刻意制造和释放的或实验室逃逸的烈性生物病原体导致的事件，将可能导致影响深远、传播广泛的灾难。这些都将超出国家和国际社会的能力范围，如果不严加管控，将会对国家政府、国际关系、经济和社会稳定、全球安全造成持续损害。

（四）生物因素对生态环境造成严重危害

从生物安全角度看，有害生物入侵是一种危害巨大的生态灾害。当前，随着世界经济的发展与交通运输技术的进步，外来物种的人为入侵开始占据主导地位，其规模逐渐使自然入侵现象相形见绌。生物入侵往往会对生态环境造成多方面的安全威胁，不仅破坏生物多样性，还会对当地环境的自循环系统产生负面影响。例如，水葫芦不仅直接影响水生生物生长，破坏水体生态平衡，其大量繁殖也会诱发河道堵塞，进而破坏整个地区的水体生态平衡。改革开放以来，我国确认的外来入侵物种已超过 660 种，遍及各个省市，几乎涉及所有生态系统，成为世界上遭受生物入侵最严重的国家之一。这些外来物种对我国生态环境造成了难以修复的影响，其中 71 种对自然生态系统已造成损害或具有潜在威胁并被列入《中国外来入侵物种名单》。对 69 个国家级自然保护区外来入侵物种调查结果显示，219 种外来入侵物种已入侵国家级自然保护区，其中 48 种被列入《中国外来入侵物种名单》。外来入侵物种也严重危害人畜健康、社会安定和经济发展。

三、"研一研"：怎么办

生物安全作为国家总体安全的重要组成部分，在当今时代的地位作用越来越重要。新冠病毒全球传播，疫情对人类构成严重威胁。可见，生物安全威胁一经传播便可能给人民生命健康、经济社会发展造成严重危害，非传统安全与传统安全相互交织成为新时代国家安全形势的新常态。"十四五"规划第 51 条"保障人民生命安全"强调，"强化生物安全保护，提高食品药品等关系人民健康产品和服务的安全保障水平"。为了维护生物安全，应把握以下几方面问题。

一是从顶层设计上加快生物安全立法和标准制定。要充分认识生物安全立法的必要性和紧迫性，通过立法确立维护生物安全的基础性制度，突出风险防范，保障人民生命健康，依法划定生物技术发展边界，保障和促进生物技术健康发展。大力推动和加快国家生物安全的法律法规体系建设，提升生物安全方面的治理体系和治理能力。在加快相关立法速度的同时，不能以牺牲法律的科学性、前瞻性、严肃性为代价。2020 年 10 月 17 日，十三届全国人大常委会第二十二次会议表决通过了《中华人民共和国生物安全法》。这部法律自 2021 年 4 月 15 日起施行。要大力宣传生物安全法，让法律观念深入人心，强化法律的严肃性，引导和逐步形成懂法、守法、护法的良好社会风气。

二是加快推进生物安全战略。生物安全范畴基本覆盖了医药生物、计算机、农业及食品安全等行业领域，应适时推进生物技术创新及建立生物安全防御体系。为此，应加快推进生物安全战略，形成一个较为完善的战略体系，主要包括八大领域：防控重大新发突发传染病、动植物疫情；研究、开发、应用生物技术；保障实验室生物安全；保障我国生物资源和人类遗传资源的安全；防范外来物种入侵与保护生物多样性；应对微生物耐药；防范生物恐怖袭击；防御生物武器威胁。

三是积极防范和准备打赢未来可能发生的生物战争。重视和维护生物安全，必须防范和打赢未来可能发生的生物战争。生物战争是指在生物技术高度发展以及信息时代核威慑条件下，交战双方以生物战部队为主要作战力量，以生物战作战思想为指导，以生物战作战方式为主要手段，在"生物微边疆"（生物疆域）展开的以夺取制生权为核心、以维护国家生物安全为主要目的军民结合的"总体战争"。根据我国实际情况并借鉴发达国家治理经验，尽快出台国家生物安全发展规划，加快生物安全战略布局，加快建立全国范围的、完善的监测与预警系统。坚持风险预防原则、科学证据原则、分级管理原则，全面提升应对生物安全威胁和生物战争的能力。

四是大力培养德才兼备的生物安全高精尖人才。生物安全科技的发展归根结底还是取决于该领域人才的数量和质量，因此我们要牢牢树立"人才是第一生产力"的观念，下大力气抓好人才建设，大力培养德才兼备的高精尖人才。一方面，要从高等院校等入手，培养、储备一批生物安全领域的人才，并广纳海内外英才，不断完善人才发掘、培育、晋升、鼓励机制，让中国成为生物安全科技领域人才培养的新高地；另一方面，要鼓励和支持良好的科研学术氛围和科研创造，继续大力推进科研"放管服"工作，加强国际交流与合作。

五是科技创新发展生物安全技术。对中国来说，未来要想妥善处理生物安全问题，必须有自己的"杀手锏"，通过科技创新，推出一批生物安全领域的重大科技成果，使之成为国之重器，在重要的时刻发挥压舱石、稳定器的作用。要优化科技创新模式，通过政府引导投资、各类型企业融合等方式加大对生物安全领域的投入，开展战略前瞻性研究，培育壮大生物安全科技企业，才能够更好地承担研发失败的风险，从而逐步提升国家生物安全的核心竞争力。生物安全是一个综合性的问题，它对于人类社会的深远影响已经超出人们的预期。

任务三　实际操作训练

1. 在个人层面，我们应该如何做好传染病的防控？请谈谈你的想法。
2. 请剖析以下案例并分享给同学、朋友等。

案例2：武汉首例高龄新型冠状病毒感染的肺炎重症患者出院

2020年1月29日，一位78岁高龄的新型冠状病毒感染的肺炎重症患者，经过医护人员的治疗，从同济医院隔离病房康复出院，这是目前武汉市首个高龄重症患者治愈的病例。

★ 微视频

武汉首例高龄新型
冠状病毒感染的
肺炎重症患者出院

据介绍，1月初，卢先生在打乒乓球时不慎接触到被感染的球友，出现发热、乏力等症状，1月9日到同济医院接受隔离治疗。经过同济医院医护团队的全力救治，4天后，卢先生的病情得到缓解。

目前，患者体温正常，影像学显示病灶得到吸收，两次核酸检测均呈阴性，经专家评估，符合新型冠状病毒感染的肺炎确诊病例解除隔离和出院标准，患者出院后还需居家隔离观察。

"事实证明，这个疾病是可以被战胜的。"赵建平说，他将继续研究激素治疗的使用剂量和时机，尽快找到有规律可循的治疗方案。

（摘自文汇报网 http://www.whb.cn/zhuzhan/ztqfkxxgzbdfyyq/20200130/318714.html，有删改）

附录一

中华人民共和国国家安全法

(2015 年 7 月 1 日第十二届全国人民代表大会常务委员会第十五次会议通过)

第一章 总则

第一条 为了维护国家安全，保卫人民民主专政的政权和中国特色社会主义制度，保护人民的根本利益，保障改革开放和社会主义现代化建设的顺利进行，实现中华民族伟大复兴，根据宪法，制定本法。

第二条 国家安全是指国家政权、主权、统一和领土完整、人民福祉、经济社会可持续发展和国家其他重大利益相对处于没有危险和不受内外威胁的状态，以及保障持续安全状态的能力。

第三条 国家安全工作应当坚持总体国家安全观，以人民安全为宗旨，以政治安全为根本，以经济安全为基础，以军事、文化、社会安全为保障，以促进国际安全为依托，维护各领域国家安全，构建国家安全体系，走中国特色国家安全道路。

第四条 坚持中国共产党对国家安全工作的领导，建立集中统一、高效权威的国家安全领导体制。

第五条 中央国家安全领导机构负责国家安全工作的决策和议事协调，研究制定、指导实施国家安全战略和有关重大方针政策，统筹协调国家安全重大事项和重要工作，推动国家安全法治建设。

第六条 国家制定并不断完善国家安全战略，全面评估国际、国内安全形势，明确国家安全战略的指导方针、中长期目标、重点领域的国家安全政策、工作任务和措施。

第七条 维护国家安全，应当遵守宪法和法律，坚持社会主义法治原则，尊重和保障人权，依法保护公民的权利和自由。

第八条 维护国家安全，应当与经济社会发展相协调。

国家安全工作应当统筹内部安全和外部安全、国土安全和国民安全、传统安全和非传统安全、自身安全和共同安全。

第九条 维护国家安全，应当坚持预防为主、标本兼治，专门工作与群众路线相结合，充分发挥专门机关和其他有关机关维护国家安全的职能作用，广泛动员公民和组织，防范、制止和依法惩治危害国家安全的行为。

第十条 维护国家安全，应当坚持互信、互利、平等、协作，积极同外国政府和国际组织开展安全交流合作，履行国际安全义务，促进共同安全，维护世界和平。

第十一条 中华人民共和国公民、一切国家机关和武装力量、各政党和各人民团体、企业事业组织和其他社会组织，都有维护国家安全的责任和义务。

中国的主权和领土完整不容侵犯和分割。维护国家主权、统一和领土完整是包括港澳同胞和台湾同胞在内的全中国人民的共同义务。

第十二条 国家对在维护国家安全工作中作出突出贡献的个人和组织给予表彰和奖励。

第十三条 国家机关工作人员在国家安全工作和涉及国家安全活动中，滥用职权、玩忽职守、徇私舞弊的，依法追究法律责任。

任何个人和组织违反本法和有关法律，不履行维护国家安全义务或者从事危害国家安全活动的，依法追究法律责任。

第十四条 每年4月15日为全民国家安全教育日。

第二章 维护国家安全的任务

第十五条 国家坚持中国共产党的领导，维护中国特色社会主义制度，发展社会主义民主政治，健全社会主义法治，强化权力运行制约和监督机制，保障人民当家作主的各项权利。

国家防范、制止和依法惩治任何叛国、分裂国家、煽动叛乱、颠覆或者煽动颠覆人民民主专政政权的行为；防范、制止和依法惩治窃取、泄露国家秘密等危害国家安全的行为；防范、制止和依法惩治境外势力的渗透、破坏、颠覆、分裂活动。

第十六条 国家维护和发展最广大人民的根本利益，保卫人民安全，创造良好生存发展条件和安定工作生活环境，保障公民的生命财产安全和其他合法权益。

第十七条 国家加强边防、海防和空防建设，采取一切必要的防卫和管控措施，保卫领陆、内水、领海和领空安全，维护国家领土主权和海洋权益。

第十八条 国家加强武装力量革命化、现代化、正规化建设，建设与保卫国家安全和发展利益需要相适应的武装力量；实施积极防御军事战略方针，防备和抵御侵略，制止武装颠覆和分裂；开展国际军事安全合作，实施联合国维和、国际救援、海上护航和维护国家海外利益的军事行动，维护国家主权、安全、领土完整、发展利益和世界和平。

第十九条 国家维护国家基本经济制度和社会主义市场经济秩序，健全预防和化解经济安全风险的制度机制，保障关系国民经济命脉的重要行业和关键领域、重点产业、重大基础设施和重大建设项目以及其他重大经济利益安全。

第二十条 国家健全金融宏观审慎管理和金融风险防范、处置机制，加强金融基础设施和基础能力建设，防范和化解系统性、区域性金融风险，防范和抵御外部金融风险的冲击。

第二十一条 国家合理利用和保护资源能源，有效管控战略资源能源的开发，加强战略资源能源储备，完善资源能源运输战略通道建设和安全保护措施，加强国际资源能源合作，全面提升应急保障能力，保障经济社会发展所需的资源能源持续、可靠和有效供给。

第二十二条 国家健全粮食安全保障体系，保护和提高粮食综合生产能力，完善粮食储备制度、流通体系和市场调控机制，健全粮食安全预警制度，保障粮食供给和质量安全。

第二十三条 国家坚持社会主义先进文化前进方向，继承和弘扬中华民族优秀传统文化，培育和践行社会主义核心价值观，防范和抵制不良文化的影响，掌握意识形态领域主导权，增强文化整体实力和竞争力。

第二十四条　国家加强自主创新能力建设，加快发展自主可控的战略高新技术和重要领域核心关键技术，加强知识产权的运用、保护和科技保密能力建设，保障重大技术和工程的安全。

第二十五条　国家建设网络与信息安全保障体系，提升网络与信息安全保护能力，加强网络和信息技术的创新研究和开发应用，实现网络和信息核心技术、关键基础设施和重要领域信息系统及数据的安全可控；加强网络管理，防范、制止和依法惩治网络攻击、网络入侵、网络窃密、散布违法有害信息等网络违法犯罪行为，维护国家网络空间主权、安全和发展利益。

第二十六条　国家坚持和完善民族区域自治制度，巩固和发展平等团结互助和谐的社会主义民族关系。坚持各民族一律平等，加强民族交往、交流、交融，防范、制止和依法惩治民族分裂活动，维护国家统一、民族团结和社会和谐，实现各民族共同团结奋斗、共同繁荣发展。

第二十七条　国家依法保护公民宗教信仰自由和正常宗教活动，坚持宗教独立自主自办的原则，防范、制止和依法惩治利用宗教名义进行危害国家安全的违法犯罪活动，反对境外势力干涉境内宗教事务，维护正常宗教活动秩序。

国家依法取缔邪教组织，防范、制止和依法惩治邪教违法犯罪活动。

第二十八条　国家反对一切形式的恐怖主义和极端主义，加强防范和处置恐怖主义的能力建设，依法开展情报、调查、防范、处置以及资金监管等工作，依法取缔恐怖活动组织和严厉惩治暴力恐怖活动。

第二十九条　国家健全有效预防和化解社会矛盾的体制机制，健全公共安全体系，积极预防、减少和化解社会矛盾，妥善处置公共卫生、社会安全等影响国家安全和社会稳定的突发事件，促进社会和谐，维护公共安全和社会安定。

第三十条　国家完善生态环境保护制度体系，加大生态建设和环境保护力度，划定生态保护红线，强化生态风险的预警和防控，妥善处置突发环境事件，保障人民赖以生存发展的大气、水、土壤等自然环境和条件不受威胁和破坏，促进人与自然和谐发展。

第三十一条　国家坚持和平利用核能和核技术，加强国际合作，防止核扩散，完善防扩散机制，加强对核设施、核材料、核活动和核废料处置的安全管理、监管和保护，加强核事故应急体系和应急能力建设，防止、控制和消除核事故对公民生命健康和生态环境的危害，不断增强有效应对和防范核威胁、核攻击的能力。

第三十二条　国家坚持和平探索和利用外层空间、国际海底区域和极地，增强安全进出、科学考察、开发利用的能力，加强国际合作，维护我国在外层空间、国际海底区域和极地的活动、资产和其他利益的安全。

第三十三条　国家依法采取必要措施，保护海外中国公民、组织和机构的安全和正当权益，保护国家的海外利益不受威胁和侵害。

第三十四条　国家根据经济社会发展和国家发展利益的需要，不断完善维护国家安全的任务。

第三章　维护国家安全的职责

第三十五条　全国人民代表大会依照宪法规定，决定战争和和平的问题，行使宪法规定的涉及国家安全的其他职权。

全国人民代表大会常务委员会依照宪法规定，决定战争状态的宣布，决定全国总动员或者局部动员，决定全国或者个别省、自治区、直辖市进入紧急状态，行使宪法规定的和全国人民代表大会授予的涉及国家安全的其他职权。

第三十六条　中华人民共和国主席根据全国人民代表大会的决定和全国人民代表大会常务委员会的决定，宣布进入紧急状态，宣布战争状态，发布动员令，行使宪法规定的涉及国家安全的其他职权。

第三十七条　国务院根据宪法和法律，制定涉及国家安全的行政法规，规定有关行政措施，发布有关决定和命令；实施国家安全法律法规和政策；依照法律规定决定省、自治区、直辖市的范围内部分地区进入紧急状态；行使宪法法律规定的和全国人民代表大会及其常务委员会授予的涉及国家安全的其他职权。

第三十八条　中央军事委员会领导全国武装力量，决定军事战略和武装力量的作战方针，统一指挥维护国家安全的军事行动，制定涉及国家安全的军事法规，发布有关决定和命令。

第三十九条　中央国家机关各部门按照职责分工，贯彻执行国家安全方针政策和法律法规，管理指导本系统、本领域国家安全工作。

第四十条　地方各级人民代表大会和县级以上地方各级人民代表大会常务委员会在本行政区域内，保证国家安全法律法规的遵守和执行。

地方各级人民政府依照法律法规规定管理本行政区域内的国家安全工作。

香港特别行政区、澳门特别行政区应当履行维护国家安全的责任。

第四十一条　人民法院依照法律规定行使审判权，人民检察院依照法律规定行使检察权，惩治危害国家安全的犯罪。

第四十二条　国家安全机关、公安机关依法搜集涉及国家安全的情报信息，在国家安全工作中依法行使侦查、拘留、预审和执行逮捕以及法律规定的其他职权。

有关军事机关在国家安全工作中依法行使相关职权。

第四十三条　国家机关及其工作人员在履行职责时，应当贯彻维护国家安全的原则。

国家机关及其工作人员在国家安全工作和涉及国家安全活动中，应当严格依法履行职责，不得超越职权、滥用职权，不得侵犯个人和组织的合法权益。

第四章　国家安全制度

第一节　一般规定

第四十四条　中央国家安全领导机构实行统分结合、协调高效的国家安全制度与工作机制。

第四十五条 国家建立国家安全重点领域工作协调机制，统筹协调中央有关职能部门推进相关工作。

第四十六条 国家建立国家安全工作督促检查和责任追究机制，确保国家安全战略和重大部署贯彻落实。

第四十七条 各部门、各地区应当采取有效措施，贯彻实施国家安全战略。

第四十八条 国家根据维护国家安全工作需要，建立跨部门会商工作机制，就维护国家安全工作的重大事项进行会商研判，提出意见和建议。

第四十九条 国家建立中央与地方之间、部门之间、军地之间以及地区之间关于国家安全的协同联动机制。

第五十条 国家建立国家安全决策咨询机制，组织专家和有关方面开展对国家安全形势的分析研判，推进国家安全的科学决策。

第二节　情报信息

第五十一条 国家健全统一归口、反应灵敏、准确高效、运转顺畅的情报信息收集、研判和使用制度，建立情报信息工作协调机制，实现情报信息的及时收集、准确研判、有效使用和共享。

第五十二条 国家安全机关、公安机关、有关军事机关根据职责分工，依法搜集涉及国家安全的情报信息。

国家机关各部门在履行职责过程中，对于获取的涉及国家安全的有关信息应当及时上报。

第五十三条 开展情报信息工作，应当充分运用现代科学技术手段，加强对情报信息的鉴别、筛选、综合和研判分析。

第五十四条 情报信息的报送应当及时、准确、客观，不得迟报、漏报、瞒报和谎报。

第三节　风险预防、评估和预警

第五十五条 国家制定完善应对各领域国家安全风险预案。

第五十六条 国家建立国家安全风险评估机制，定期开展各领域国家安全风险调查评估。

有关部门应当定期向中央国家安全领导机构提交国家安全风险评估报告。

第五十七条 国家健全国家安全风险监测预警制度，根据国家安全风险程度，及时发布相应风险预警。

第五十八条 对可能即将发生或者已经发生的危害国家安全的事件，县级以上地方人民政府及其有关主管部门应当立即按照规定向上一级人民政府及其有关主管部门报告，必要时可以越级上报。

第四节　审查监管

第五十九条 国家建立国家安全审查和监管的制度和机制，对影响或者可能影响国家安全的外商投资、特定物项和关键技术、网络信息技术产品和服务、涉及国家安全事项的建设项目，以及其他重大事项和活动，进行国家安全审查，有效预防和化解国家安全风险。

第六十条　中央国家机关各部门依照法律、行政法规行使国家安全审查职责，依法作出国家安全审查决定或者提出安全审查意见并监督执行。

第六十一条　省、自治区、直辖市依法负责本行政区域内有关国家安全审查和监管工作。

第五节　危机管控

第六十二条　国家建立统一领导、协同联动、有序高效的国家安全危机管控制度。

第六十三条　发生危及国家安全的重大事件，中央有关部门和有关地方根据中央国家安全领导机构的统一部署，依法启动应急预案，采取管控处置措施。

第六十四条　发生危及国家安全的特别重大事件，需要进入紧急状态、战争状态或者进行全国总动员、局部动员的，由全国人民代表大会、全国人民代表大会常务委员会或者国务院依照宪法和有关法律规定的权限和程序决定。

第六十五条　国家决定进入紧急状态、战争状态或者实施国防动员后，履行国家安全危机管控职责的有关机关依照法律规定或者全国人民代表大会常务委员会规定，有权采取限制公民和组织权利、增加公民和组织义务的特别措施。

第六十六条　履行国家安全危机管控职责的有关机关依法采取处置国家安全危机的管控措施，应当与国家安全危机可能造成的危害的性质、程度和范围相适应；有多种措施可供选择的，应当选择有利于最大程度保护公民、组织权益的措施。

第六十七条　国家健全国家安全危机的信息报告和发布机制。

国家安全危机事件发生后，履行国家安全危机管控职责的有关机关，应当按照规定准确、及时报告，并依法将有关国家安全危机事件发生、发展、管控处置及善后情况统一向社会发布。

第六十八条　国家安全威胁和危害得到控制或者消除后，应当及时解除管控处置措施，做好善后工作。

第五章　国家安全保障

第六十九条　国家健全国家安全保障体系，增强维护国家安全的能力。

第七十条　国家健全国家安全法律制度体系，推动国家安全法治建设。

第七十一条　国家加大对国家安全各项建设的投入，保障国家安全工作所需经费和装备。

第七十二条　承担国家安全战略物资储备任务的单位，应当按照国家有关规定和标准对国家安全物资进行收储、保管和维护，定期调整更换，保证储备物资的使用效能和安全。

第七十三条　鼓励国家安全领域科技创新，发挥科技在维护国家安全中的作用。

第七十四条　国家采取必要措施，招录、培养和管理国家安全工作专门人才和特殊人才。

根据维护国家安全工作的需要，国家依法保护有关机关专门从事国家安全工作人员的身份和合法权益，加大人身保护和安置保障力度。

第七十五条　国家安全机关、公安机关、有关军事机关开展国家安全专门工作，可以依法采取必要手段和方式，有关部门和地方应当在职责范围内提供支持和配合。

第七十六条　国家加强国家安全新闻宣传和舆论引导，通过多种形式开展国家安全宣传教育活动，将国家安全教育纳入国民教育体系和公务员教育培训体系，增强全民国家安全意识。

第六章　公民、组织的义务和权利

第七十七条　公民和组织应当履行下列维护国家安全的义务：

（一）遵守宪法、法律法规关于国家安全的有关规定；

（二）及时报告危害国家安全活动的线索；

（三）如实提供所知悉的涉及危害国家安全活动的证据；

（四）为国家安全工作提供便利条件或者其他协助；

（五）向国家安全机关、公安机关和有关军事机关提供必要的支持和协助；

（六）保守所知悉的国家秘密；

（七）法律、行政法规规定的其他义务。

任何个人和组织不得有危害国家安全的行为，不得向危害国家安全的个人或者组织提供任何资助或者协助。

第七十八条　机关、人民团体、企业事业组织和其他社会组织应当对本单位的人员进行维护国家安全的教育，动员、组织本单位的人员防范、制止危害国家安全的行为。

第七十九条　企业事业组织根据国家安全工作的要求，应当配合有关部门采取相关安全措施。

第八十条　公民和组织支持、协助国家安全工作的行为受法律保护。

因支持、协助国家安全工作，本人或者其近亲属的人身安全面临危险的，可以向公安机关、国家安全机关请求予以保护。公安机关、国家安全机关应当会同有关部门依法采取保护措施。

第八十一条　公民和组织因支持、协助国家安全工作导致财产损失的，按照国家有关规定给予补偿；造成人身伤害或者死亡的，按照国家有关规定给予抚恤优待。

第八十二条　公民和组织对国家安全工作有向国家机关提出批评建议的权利，对国家机关及其工作人员在国家安全工作中的违法失职行为有提出申诉、控告和检举的权利。

第八十三条　在国家安全工作中，需要采取限制公民权利和自由的特别措施时，应当依法进行，并以维护国家安全的实际需要为限度。

第七章　附则

第八十四条　本法自公布之日起施行。

附录二

国家安全知识竞赛题

1. 党的十八大以来，为适应新形势，新的《中华人民共和国国家安全法》经全国人大常委会审议通过后，（　　）起正式施行。

A. 2015 年 7 月 1 日

B. 2000 年 1 月 1 日

C. 1993 年 2 月 22 日

答案： A

解析：《中华人民共和国国家安全法》于 2015 年 7 月 1 日第十二届全国人民代表大会常务委员会第十五次会议通过。

2. 作为一名普通人，如何保家卫国？（　　）

A. 保家卫国是军人的事，与我无关

B. 履行维护国家安全的责任和义务

C. 发现外国间谍进行非法拍照时，不举报

答案： B

解析：《中华人民共和国国家安全法》第十一条：中华人民共和国公民、一切国家机关和武装力量、各政党和各人民团体、企业事业组织和其他社会组织，都有维护国家安全的责任和义务。

3.《中华人民共和国国家安全法》规定：每年的（　　）为全民国家安全教育日。

A. 3 月 15 日

B. 4 月 15 日

C. 10 月 1 日

答案： B

解析：《中华人民共和国国家安全法》第十四条：每年 4 月 15 日为全民国家安全教育日。

4. 市民张大妈、张大妈所在的街道办、张大妈参加的广场舞社团、张大妈儿子所在的公司，都有维护（　　）的责任和义务。

A. 文化安全

B. 国家安全

C. 经济安全

答案： B

解析：《中华人民共和国国家安全法》第十一条：中华人民共和国公民、一切国家机关和武装力量、各政党和各人民团体、企业事业组织和其他社会组织，都有维护国家安全的责任和义务。

5. 根据《中华人民共和国国家安全法》的规定，（　　　）依法搜集涉及国家安全的情报信息。

A. 公安机关、军队保卫部门

B. 国家安全机关、军队保卫部门

C. 国家安全机关、公安机关

答案：C

解析：《中华人民共和国国家安全法》第四十二条：国家安全机关、公安机关依法搜集涉及国家安全的情报信息，在国家安全工作中依法行使侦查、拘留、预审和执行逮捕以及法律规定的其他职权。

6. 关于维护国家安全的责任和义务，下列不负有此项义务的是（　　　）。

A. 我国台湾公民张某

B. 我国某出版社

C. 美籍华人李某

答案：C

解析：中国的主权和领土完整不容侵犯和分割。维护国家主权、统一和领土完整是包括港澳同胞和台湾同胞在内的全中国人民的共同义务。

7. 不管是个人还是组织，违反国家安全法和有关法律，（　　　）或者从事危害国家安全活动，将被依法追究法律责任。

A. 玩忽职守

B. 不作为

C. 不履行维护国家安全义务

答案：C

解析：《中华人民共和国国家安全法》第十三条：任何个人和组织违反本法和有关法律，不履行维护国家安全义务或者从事危害国家安全活动的，依法追究法律责任。

8. 小黄是一名公务员，根据《中华人民共和国国家安全法》规定，小黄所在的单位应当对其进行（　　　）教育。

A. 职业道德

B. 维护国家安全

C. 政治思想

答案：B

解析：《中华人民共和国国家安全法》第七十八条：机关、人民团体、企业事业组织和其他社会组织应当对本单位的人员进行维护国家安全的教育，动员、组织本单位的人员防范、制止危害国家安全的行为。

9. 老林是国家安全机关的老工作者，下面哪个权利是他在工作中不能行使的？（　　　）

A. 起诉

B. 拘留

C. 侦查

答案：A

10. 在一次打击间谍犯罪、维护国家安全的案件中，你和你的公司财产遭受损失，按照有关规定，有关部门会对你们给予(   )。

A. 补助

B. 补偿

C. 奖励

答案：B

解析：《中华人民共和国国家安全法》第八十一条：公民和组织因支持、协助国家安全工作导致财产损失的，按照国家有关规定给予补偿；造成人身伤害或者死亡的，按照国家有关规定给予抚恤优待。

11. 国家对在维护国家安全工作中作出突出贡献的(   )给予表彰和奖励。

A. 组织

B. 个人和组织

C. 个人

答案：B

解析：《中华人民共和国国家安全法》第十二条：国家对在维护国家安全工作中作出突出贡献的个人和组织给予表彰和奖励。

12. 下列哪个单位的违法行为，国家安全机关没有权力进行处罚(   )。

A. 涉密人员因私出境，所在单位未向国家安全机关报告

B. 举办重要国际会议、涉外活动未向国家安全机关通报

C. 未有效执行中央八项规定，违规接待、浪费公款

答案：C

解析：《中华人民共和国反间谍法实施细则》第十九条：实施危害国家安全的行为，由有关部门依法予以处分，国家安全机关也可以予以警告；构成犯罪的，依法追究刑事责任。

13. 主管全市国家安全工作的机关是(   )。

A. 市国家安全局

B. 市公安局

C. 市人民政府

答案：A

解析：市国安局主要职责：负责本市国家安全工作，是本市国家安全工作的主管机关。

14. 下列情况中，属于公民履行维护国家安全义务的是(   )。

A. 陈某将自己的住所提供给国家安全机关工作人员使用

B. 刘某系某政府部门领导干部，因公出国后，滞留不归

C. 蔡某在国家安全机关开展专门工作时，阻挠现场调取证据

答案：A

解析：《中华人民共和国国家安全法》第十三条：国家机关工作人员在国家安全工作和涉及国家安全活动中，滥用职权、玩忽职守、徇私舞弊的，依法追究法律责任。任何个人和组织违反本法和有关法律，不履行维护国家安全义务或者从事危害国家安全活动的，依法追究法律责任。

15. 国庆假期你在北京旅游期间，发现有 2 名外国游客形迹可疑，多次徘徊在军事管理区附近拍照。根据《中华人民共和国国家安全法》规定，下列行为正确的是(   )。

A. 将发现的情况及时向有关机构报告

B. 告诉外国游客，他们的行为是不对的、违法的

C. 我是来旅游的，多一事不如少一事，不去理睬

答案：A

解析：《中华人民共和国国家安全法》第七十七条规定：公民和组织应当履行下列维护国家安全的义务：(一)遵守宪法、法律法规关于国家安全的有关规定；(二)及时报告危害国家安全活动的线索；(三)如实提供所知悉的涉及危害国家安全活动的证据；(四)为国家安全工作提供便利条件或者其他协助；(五)向国家安全机关、公安机关和有关军事机关提供必要的支持和协助；(六)保守所知悉的国家秘密；(七)法律、行政法规规定的其他义务。

16. 张某在国家安全部门工作，在一次同学聚会上，为了显示自己知道许多内幕，就向大家泄露了一些国家秘密。关于张某的行为，下列说法正确的是(   )。

A. 属于故意泄露国家秘密

B. 属于过失泄露国家秘密

C. 维护了国家安全

答案：A

解析：故意泄露国家秘密罪与过失泄露国家秘密罪的区别：过失，一般是因为疏忽大意、工作马虎、玩忽职守、违反保守国家秘密的有关规章制度等造成，如将保密文件不按规定放置而让他人看见，不认真保管致使丢失等。故意泄露国家秘密罪，其犯罪动机则是多种多样，如为了显示自己消息灵通而加以炫耀，为了贪图私利而加以出售，因贪恋女色或碍于情面而泄露，被威胁利诱而提供等。

17. 王女士因为急着要去接孩子放学，下班时没有保管好机密文件，导致泄露国家秘密，情节严重，应当作何处罚？(   )

A. 追究刑事责任

B. 进行批评教育

C. 调出原单位

答案：A

解析：《中华人民共和国刑法》第三百九十八条：【故意泄露国家秘密罪；过失泄露国

家秘密罪】国家机关工作人员违反保守国家秘密法的规定，故意或者过失泄露国家秘密，情节严重的，处三年以下有期徒刑或者拘役；情节特别严重的，处三年以上七年以下有期徒刑。

18. 你的同学为了经济利益，给国外势力当间谍，在国内非法搜集机密信息，你发现之后要怎么举报他呢？

　　A. 打 12339

　　B. 打 119

　　C. 打给他父母

答案：A

解析：12339 是国家安全机关受理公民和组织举报电话。

19. 小明和小林是好朋友，小明知道小林有间谍犯罪行为，在国家安全机关向小明调查有关情况、收集证据时，出于义气，小明拒绝提供。下列有关说法错误的是（　　）。

　　A. 小明不说，国家安全机关毫无办法

　　B. 国家安全机关可对小明处 15 日以下行政拘留

　　C. 若小明构成犯罪，可依法追究其刑事责任

答案：A

解析：《中华人民共和国反间谍法》第六十条规定，有下列行为之一，构成犯罪的，依法追究刑事责任；尚不构成犯罪的，由国家安全机关予以警告或者处十日以下行政拘留，可以并处三万元以下罚款：（一）泄露有关反间谍工作的国家秘密；（二）明知他人有间谍犯罪行为，在国家安全机关向其调查有关情况、收集有关证据时，拒绝提供；（三）故意阻碍国家安全机关依法执行任务；（四）隐藏、转移、变卖、损毁国家安全机关依法查封、扣押、冻结的财物；（五）明知是间谍行为的涉案财物而窝藏、转移、收购、代为销售或者以其他方法掩饰、隐瞒；（六）对依法支持、协助国家安全机关工作的个人和组织进行打击报复。

20. 老王是一名出租车司机，某天在路上遇到好几个客人要乘车，一个自称国家安全机关的工作人员说他在执行紧急任务，并出示了相应证件，老王可以让其（　　）自己的车。

　　A. 直接征用

　　B. 免费乘坐

　　C. 优先乘坐

答案：C

解析：《中华人民共和国反间谍法》第四十二条：国家安全机关工作人员因执行紧急任务需要，经出示工作证件，享有优先乘坐公共交通工具、优先通行等通行便利。

21. 小刘是政府机构的工作人员，在一次出国旅行时被境外间谍机构胁迫签订了劳务协议。回国后小刘立即直接向国家安全机关如实说明情况，并表明对自己的签字行为感到后悔。小刘的行为要如何认定？（　　）

A. 故意泄露国家秘密罪

B. 间谍罪

C. 可以不予追究

答案：C

解析：《中华人民共和国反间谍法》第五十五条：在境外受胁迫或者受诱骗参加间谍组织、敌对组织，从事危害中华人民共和国国家安全的活动，及时向中华人民共和国驻外机构如实说明情况，或者入境后直接或者通过所在单位及时向国家安全机关如实说明情况，并有悔改表现的，可以不予追究。

22. 小雨无意中得知同事李某是一名国外间谍，小雨向有关部门揭发并准备协助调查，不料李某知道后打算报复小鱼，要对他家人下手。如果你是小雨，应该怎么办？

A. 向国家安全机关请求保护

B. 跟李某拼了

C. 反水，向安全机关说自己搞错了

答案：A

解析：《中华人民共和国反间谍法》第四十六条：个人因支持、协助反间谍工作，本人或者其近亲属的人身安全面临危险的，可以向国家安全机关请求予以保护。国家安全机关应当会同有关部门依法采取保护措施。

23. 泄露有关反间谍工作的国家秘密，构成犯罪的，依法追究刑事责任；尚不构成犯罪的，由国家安全机关予以警告或者处（　　　）行政拘留，可以并处三万元以下罚款。

A. 十日以下

B. 十四日以下

C. 十五日以下

答案：A

解析：参见《中华人民共和国反间谍法》第六十条的规定。

24. 汤姆是一家跨国企业的工作人员，在中国工作期间，他违反了《中华人民共和国反间谍法》，他会被（　　　）。

A. 驱逐出境

B. 批评教育

C. 责令整改

答案：A

解析：《中华人民共和国反间谍法》第六十六条：境外人员违反本法的，国务院国家安全主管部门可以决定限期出境，并决定其不准入境的期限。

25. 下列关于公民在反间谍过程中的权利义务，说法错误的是（　　　）。

A. 任何个人和组织都不得非法持有、使用间谍活动特殊需要的专用间谍器材

B. 公民和组织发现间谍行为，应当及时向国家安全机关报告

C. 在国家安全机关调查了解有关间谍行为的情况、收集有关证据时，有关组织和个

人可以拒绝

答案： C

解析：《中华人民共和国反间谍法》第三十二条：在国家安全机关调查了解有关间谍行为的情况、收集有关证据时，有关组织和个人应当如实提供，不得拒绝。

26. 小志在国外度假时，受到胁迫参加了间谍组织，从事危害国家安全的活动。他很后悔自己的行为，他要及时向哪个部门说明情况，才可以不予追究。（　　）

A. 中华人民共和国驻外机构

B. 中华人民共和国外交部

C. 中华人民共和国公安部

答案： A

27. 保守国家秘密是每个公民应尽的义务，当发现有泄露国家秘密的行为时，我们应该（　　）。

A. 向国家安全机关或公安机关报告

B. 自己将泄密的人抓住

C. 事不关己，高高挂起

答案： A

解析：《中华人民共和国保守国家秘密法》第五条：国家秘密受法律保护。一切国家机关和武装力量、各政党和各人民团体、企业事业组织和其他社会组织以及公民都有保密的义务。

28. 假设你手上有一份国家秘密文件，涉及国家安全，需要销毁，应当到（　　）。

A. 国有造纸厂

B. 保密工作部门指定的地点

C. 废品收购站

答案： B

解析：《中华人民共和国保守国家秘密法实施条例》第二十二条：销毁国家秘密载体应当履行清点、登记、审批手续，并送交保密行政管理部门设立的销毁工作机构或者保密行政管理部门指定的单位销毁。

29. 白某原来是 A 市某医院医生，后来由于受到物质利益的诱惑，受聘于某外国情报机构，成为该机构的专职医生。白某的行为（　　）。

A. 构成间谍罪

B. 构成背叛国家罪

C. 不构成犯罪

答案： C

解析： 根据《中华人民共和国刑法》第一百一十条，【间谍罪】有下列间谍行为之一，危害国家安全的，处十年以上有期徒刑或者无期徒刑；情节较轻的，处三年以上十年以下有期徒刑：（一）参加间谍组织或者接受间谍组织及其代理人的任务的；（二）为敌人指示轰击目标的。加入间谍组织但未进行危害国家安全活动的，以及在间谍组织中从事一般勤杂事务但并不知道该组织性质的，不能构成间谍罪。

30. 老周是一个电子通信设备的发烧友，喜欢收集各种通信设备，以下哪种设备是他不能拥有的？（　　）

A. 专用间谍器材

B. 加密通信设备

C. 无线电台

答案：A

解析：《中华人民共和国反间谍法》第十五条：任何个人和组织都不得非法生产、销售、持有、使用间谍活动特殊需要的专用间谍器材。专用间谍器材由国务院国家安全主管部门依照国家有关规定确认。

31. 陈某属于国家机关的工作人员，未经允许，她私自存了一份国家秘密文件，陈某的行为属于（　　）。

A. 非法持有国家秘密

B. 违反国家机关工作人员职业道德

C. 违反国家机关工作人员条例

答案：A

解析：《中华人民共和国保守国家秘密法》二十九条：禁止非法复制、记录、存储国家秘密。

32. 下列行为中，属于危害国家安全行为的有（　　）。

A. 群众的正常上访

B. 揭露政府的过错，以非暴力言行要求政策的改变

C. 利用互联网，传播对社会和国家的负面言论，煽动群众颠覆政权

答案：C

解析：《中华人民共和国国家安全法》第十五条：国家防范、制止和依法惩治任何叛国、分裂国家、煽动叛乱、颠覆或者煽动颠覆人民民主专政政权的行为；防范、制止和依法惩治窃取、泄露国家秘密等危害国家安全的行为；防范、制止和依法惩治境外势力的渗透、破坏、颠覆、分裂活动。

33. A企业非法执有国家秘密的文件，还执有专业的间谍器材，国家安全机关可以作出以下哪种处罚（　　）。

A. 收购

B. 扣押

C. 没收

答案：C

解析：参见《中华人民共和国反间谍法》第六十一条至第六十三条的规定。

34. 男子蔡某故意阻碍、阻挠国家安全机关依法执行任务，情节较轻，国家安全机关

可对蔡某处行政拘留多少日？（　　）

　　A. 10 日

　　B. 15 日

　　C. 20 日

　　答案：A

　　解析： 参见《中华人民共和国反间谍法》第六十条的规定。

35. 如果你发现某人有危害国家安全的行为，应当及时向国家安全机关报告。这是我国的（　　）规定的。

　　A. 宪法

　　B. 刑法

　　C. 国家安全法

　　答案：C

　　解析：《中华人民共和国国家安全法》第十六条：任何公民和组织发现间谍行为，应当及时向国家安全机关举报；向公安机关等其他国家机关、组织举报的，相关国家机关、组织应当立即移送国家安全机关处理。

36. 下列哪一项行为不是我国法律规定的间谍行为？（　　）

　　A. 大学生 A 接受间谍组织及其代理人任务

　　B. 男子 B 扰乱社会公共秩序

　　C. 男子 C 为敌人指示攻击目标

　　答案：B

　　解析： 根据《中华人民共和国反间谍法》第四条的规定，参加间谍组织或者接受间谍组织及其代理人的任务，为敌人指示攻击目标的行为都属于间谍行为。

37. 小何是国家安全机关的工作人员，他在依法执行任务时要查验有关单位的相关设施，根据规定，他需要具备什么条件才能执行？（　　）

　　A. 经过批准，出示相应证件

　　B. 经过批准

　　C. 经过有关机关备案

　　答案：A

　　解析：《中华人民共和国反间谍法》第二十五条：国家安全机关的工作人员依法执行反间谍任务时，经设区的市级以上国家安全机关负责人批准，出示工作证件，可以查验有关个人和组织的电子设备、设施及有关程序、工具。

38. 阿华参加了境外间谍组织，并接受了其代理人的任务，这种行为是（　　）。

　　A. 危害国家安全的行为

　　B. 侵犯国家主权的行为

　　C. 破坏国家统一的行为

　　答案：A

解析：参加间谍组织或者接受间谍组织及其代理人的任务的行为是间谍行为，间谍行为是危害国家安全的行为。

39. 小邱因间谍行为被抓，在这个过程中小邱有立功表现，主动交代其所在间谍组织的情报，国家安全机关对小邱的行为作出处罚，下列说法正确的是(　　)。

A. 从轻、减轻或者免除处罚

B. 严惩不贷，从重处理

C. 不减轻也不从重处理

答案：A

解析：《中华人民共和国反间谍法》第五十五条：实施间谍行为，有自首或者立功表现的，可以从轻、减轻或者免除处罚；有重大立功表现的，给予奖励。

40. 国家安全机关属于政府部门，人员为警察编制，公务员序列，其执行国家安全工作任务的车辆，享有与(　　)相同的道路通行权。

A. 制式警车

B. 消防车

C. 救护车

答案：A

解析：根据《中华人民共和国人民警察法》第一章第二条的规定：人民警察包括公安机关、国家安全机关、监狱、劳动教养管理机关的人民警察和人民法院、人民检察院的司法警察。

41. 制定《中华人民共和国网络安全法》，是为了保障网络安全，维护网络空间主权和国家安全、(　　)，保护公民、法人和其他组织的合法权益，促进经济社会信息化健康发展。

A. 国有企业利益

B. 社会公共利益

C. 私人企业利益

答案：B

解析：《中华人民共和国网络安全法》第一条：为了保障网络安全，维护网络空间主权和国家安全、社会公共利益，保护公民、法人和其他组织的合法权益，促进经济社会信息化健康发展，制定本法。

42. 在我们国家，哪个部门负责统筹协调网络安全工作和相关监督管理工作？(　　)

A. 公安部门

B. 网信部门

C. 通信管理部门

答案：B

解析：《中华人民共和国网络安全法》第八条：国家网信部门负责统筹协调网络安全工作和相关监督管理工作。国务院电信主管部门、公安部门和其他有关机关依照本法和有关法律、行政法规的规定，在各自职责范围内负责网络安全保护和监督管理工作。

43. 某互联网公司提供的所有网络产品、服务，应当符合相关（　　）的强制性要求。

A. 国家标准

B. 行业标准

C. 企业标准

答案：A

解析：《中华人民共和国网络安全法》第十条：建设、运营网络或者通过网络提供服务，应当依照法律、行政法规的规定和国家标准的强制性要求，采取技术措施和其他必要措施，保障网络安全、稳定运行，有效应对网络安全事件，防范网络违法犯罪活动，维护网络数据的完整性、保密性和可用性。

44. 我们日常生活离不开各类商业网站、APP等，根据规定，这些网络运营者应当制定（　　），及时处置系统漏洞、计算机病毒、网络攻击、网络侵入等安全风险，以预防危害网络安全的事件。

A. 网络安全事件应急预案

B. 网络安全事件补救措施

C. 网站安全规章制度

答案：A

解析：《中华人民共和国网络安全法》第二十五条：网络运营者应当制定网络安全事件应急预案，及时处置系统漏洞、计算机病毒、网络攻击、网络侵入等安全风险；在发生危害网络安全的事件时，立即启动应急预案，采取相应的补救措施，并按照规定向有关主管部门报告。

45. 习近平总书记在网络安全和信息化工作座谈会上的讲话强调，要加快网络立法进程，完善依法监管措施，化解网络风险。近年来发生的e租宝、中晋系案件，打着（　　）旗号非法集资，给有关群众带来严重财产损失，社会影响十分恶劣。

A."网络购物"

B."网络投资"

C."网络金融"

答案：C

解析：e租宝案是指"钰诚系"下属的金易融（北京）网络科技有限公司运营的网络平台打着"网络金融"的旗号上线运营，"钰诚系"相关犯罪嫌疑人以高额利息为诱饵，虚构融资租赁项目，持续采用借新还旧、自我担保等方式大量非法吸收公众资金，累计交易发生额达700多亿元。

46. 某网站网吸纳会员时要求交纳相应会费，交纳后网站就会给购买者一个会员编号和一个会员"昵称"，该购买者就正式成为网站会员。成为会员后，就可自由发展下线，收取提成，形成五五复制的上下级关系。这种行为属于（　　）。

A. 网络传销

B. 网络钓鱼

D. 网络诈骗

答案：A

解析：网络传销与传统传销并无本质区别。传统传销为非法，受到工商部门的密切关注和严厉打击。网络传销则利用互联网进行，手段更加隐秘，它的得利方式同样是交纳会费（或说是享受产品），然后再拉人进入作为自己的下线。其隐蔽性更强、更具欺骗性、传播速度更快，严重损害群众利益。

47. 张某是个计算机"大神"，不过他却利用自己的专业知识，从事一些危害网络安全的活动，被公安机关抓获后，由于其情节尚不构成犯罪，公安机关可对其处（　　）日以下拘留，可以并处（　　）以上（　　）以下罚款。

A. 三日；一万元；十万元

B. 五日；五万元；五十万元

C. 十五日；十万元；五十万元

答案：B

解析：《中华人民共和国网络安全法》第六十三条：违反本法第二十七条规定，从事危害网络安全的活动，或者提供专门用于从事危害网络安全活动的程序、工具，或者为他人从事危害网络安全的活动提供技术支持、广告推广、支付结算等帮助，尚不构成犯罪的，由公安机关没收违法所得，处五日以下拘留，可以并处五万元以上五十万元以下罚款。

48. 假如发生严重的网络犯罪活动，相关网站的运营者应当为（　　）依法维护国家安全和侦查犯罪的活动提供技术支持和协助。

A. 公安机关、国家安全机关

B. 网信部门、公安机关

C. 工信部门、国家安全机关

答案：A

解析：《中华人民共和国网络安全法》第二十八条：网络运营者应当为公安机关、国家安全机关依法维护国家安全和侦查犯罪的活动提供技术支持和协助。

49. 假如微信上收到"微信团队"的安全提示："您的微信账号在16：46尝试在另一个设备登录。登录设备：××品牌××型号。"而且我们确定这不是本人的行为，这时应该怎么做（　　）。

A. 有可能是误报，不用理睬

B. 确认是不是自己的设备登录，如果不是，则尽快修改密码

C. 自己的密码足够复杂，不可能被破解，不必修改密码

答案：B

解析：微信收到的安全提示说明有人在尝试登录自己的账号，这时候出于安全考虑应及时修改自己账号的密码，以保证账号安全。

50. 互联网上有一个著名的说法："你永远不知道网络的对面是一个人还是一条狗！"

这表明(　　　)。

A. 网络安全中身份认证的重要性和迫切性

B. 网络上所有的活动都是不可见的

C. 网络应用中存在不严肃性

答案：A

解析：这句话体现了网络的虚拟、未知与复杂，表明网络安全中身份认证的重要性和迫切性。

51. 使用微信时可能存在安全隐患的行为是(　　　)。

A. 允许"回复陌生人自动添加为朋友"

B. 设置微信独立账号和密码，不与其他账号共用密码

C. 安装防病毒软件，从官方渠道下载正版微信

答案：A

解析：微信设置独立的账号和密码，不与其他账号共用密码，有利于保护账号安全；手机安装防病毒软件，从官方渠道下载正版微信，也同样有利于保护账号安全。

52. 梁某是某市关键信息基础设施的运营者，根据规定，他们应当自行或者委托网络安全服务机构对其网络的安全性和可能存在的风险进行检测评估，这个频率是多久一次？
(　　　)

A. 至少半年一次

B. 至少一年一次

C. 至少两年一次

答案：B

解析：《中华人民共和国网络安全法》第三十八条：关键信息基础设施的运营者应当自行或者委托网络安全服务机构对其网络的安全性和可能存在的风险每年至少进行一次检测评估，并将检测评估情况和改进措施报送相关负责关键信息基础设施安全保护工作的部门。

53. 某个常用的 APP 软件会向我们提供日常生活中的网络服务，下列有关这个 APP 软件运营公司的做法违反法律条规的是(　　　)

A. APP 软件在用户未知情的情况下，收集用户的其他信息

B. APP 软件发现有法律、行政法规禁止传输的信息时，立即采取消除等处置措施并保存有关记录

C. APP 软件对收集的用户信息严格保密，并建立了用户信息保护制度

答案：A

解析：《中华人民共和国网络安全法》第四十一条：网络运营者收集、使用个人信息，应当遵循合法、正当、必要的原则，公开收集、使用规则，明示收集、使用信息的目的、方式和范围，并经被收集者同意。

54. 小明的妈妈收到一条10086发送的汇款短信，在汇款后可以获得奖金，说小明根

据学到的网络安全知识告诉妈妈这是一种利用伪基站进行的诈骗行为。下列哪个不是这类诈骗的预防措施?(   )

A. 安装拦截软件

B. 改用使用 GSM 网络的手机

C. 改用安全性更强的手机

答案:B

解析:针对伪基站的诈骗短信,可以安装拦截软件进行预防,也可以换用安全性更强的手机进行预防。

55. 网友 A 通过某社交软件群发一些法律禁止发布的信息,作为该软件运营方应当采取相应的措施,下面哪项描述错误?(   )

A. 私信用户停止违规行为

B. 停止提供服务,采取消除等处置措施

C. 保存有关记录,并向有关主管部门报告

答案:A

解析:《中华人民共和国网络安全法》第四十八条:任何个人和组织发送的电子信息、提供的应用软件,不得设置恶意程序,不得含有法律、行政法规禁止发布或者传输的信息。电子信息发送服务提供者和应用软件下载服务提供者,应当履行安全管理义务,知道其用户有前款规定行为的,应当停止提供服务,采取消除等处置措施,保存有关记录,并向有关主管部门报告。

56. 小郭发现自己的个人信息,未经允许被某 APP 收集使用了,小郭虽然未遭受损失但还是要求 APP 运营方删除,APP 运营方不予理睬。小郭投诉到有关主管部门,主营部门对 APP 运营企业可作何种处罚?(   )

A. 责令改正,可以根据情节单处或者并处警告

B. APP 为了服务收集用户信息很正常,不用处罚

C. 关闭网站、吊销相关业务许可证或者吊销营业执照

答案:A

解析:《中华人民共和国网络安全法》第六十四条:网络运营者、网络产品或者服务的提供者侵害个人信息依法得到保护的权利的,由有关主管部门责令改正,可以根据情节单处或者并处警告、没收违法所得、处违法所得一倍以上十倍以下罚款,没有违法所得的,处一百万元以下罚款,对直接负责的主管人员和其他直接责任人员处一万元以上十万元以下罚款;情节严重的,并可以责令暂停相关业务、停业整顿、关闭网站、吊销相关业务许可证或者吊销营业执照。

57. 根据规定,任何单位和个人不得从事危害计算机信息网络安全的活动,以下哪个不包含在内?(   )

A. 未经允许,对计算机信息网络功能进行删除、修改或者增加的

B. 故意制作、传播计算机病毒等破坏性程序的

C. 未经允许，使用他人的计算机

答案：C

解析：《计算机信息网络国际联网安全保护管理办法》第六条规定，任何单位和个人不得从事下列危害计算机信息网络安全的活动：(一)未经允许，进入计算机信息网络或者使用计算机信息网络资源的；(二)未经允许，对计算机信息网络功能进行删除、修改或者增加的；(三)未经允许，对计算机信息网络中存储、处理或者传输的数据和应用程序进行删除、修改或者增加的；(四)故意制作、传播计算机病毒等破坏性程序的；(五)其他危害计算机信息网络安全的。

58.《中华人民共和国网络安全法》作为我国网络安全领域的基础性法律，是(   )颁布的。

A. 2016 年 11 月 7 日

B. 2017 年 6 月 1 日

C. 2018 年 1 月 1 日

答案：A

解析：《中华人民共和国网络安全法》由全国人民代表大会常务委员会于 2016 年 11 月 7 日发布，自 2017 年 6 月 1 日起施行。

59. 当你在网上购物时，卖家突然说交易出现异常，并推荐处理异常的客服人员。以下最恰当的做法是(   )。

A. 直接和推荐的客服人员联系

B. 如果对方是信用比较好或经常交易的老卖家，可以相信

C. 在网上寻找正规的客服电话或联系方式，并进行核实

答案：C

解析：在网上购物时，出现异常情况，正确的做法是，寻找正规的客服电话或联系方式，并进行核实。卖家也许靠得住，但也许卖家的账号会被其他非法分子攻击利用。

60. 小明在网上购买 iPhone4，结果收到 4 个苹果。小明自觉受骗，联系电商，客服告诉小明是订单有误，让他重新下单，店家会给他 2 个 iPhone。如果小明报警，店家也无任何法律责任，因为小明已经签收了。为维护自身合法权益，小明应该怎么做？(   )

A. 为了买到 iPhone，再次付钱下单

B. 拉黑该网店，再也不来这里买了

C. 向网站管理人员申诉，向网警报案

答案：C

解析：电商说是卖 iPhone 手机，发的货却是水果苹果，电商平台已经涉嫌网络诈骗。消费者正确的做法是向网站管理人员申诉，并向网警报案。

61.《中华人民共和国核安全法》从什么时间开始实施？(   )

A. 2018 年 1 月 1 日

B. 2017 年 1 月 1 日

C. 2016 年 1 月 1 日

答案：A

解析：《中华人民共和国核安全法》由 2017 年 9 月 1 日第十二届全国人民代表大会常务委员会第二十九次会议通过，2018 年 1 月 1 日起施行。

62. 根据规定，下列不属于核设施的是(　　)。

A. 核电厂

B. 核热电厂

C. 铀-235 材料及其制品

答案：C

解析：《中华人民共和国核安全法》第二条规定：核设施，是指：(一)核电厂、核热电厂、核供汽供热厂等核动力厂及装置；(二)核动力厂以外的研究堆、实验堆、临界装置等其他反应堆；(三)核燃料生产、加工、贮存和后处理设施等核燃料循环设施；(四)放射性废物的处理、贮存、处置设施。

63. 根据规定，下列属于核材料的是(　　)。

A. 核电厂

B. 核热电厂

C. 铀-233 材料及其制品

答案：C

解析：《中华人民共和国核安全法》第二条规定，核材料，是指：(一)铀-235 材料及其制品；(二)铀-233 材料及其制品；(三)钚-239 材料及其制品；(四)法律、行政法规规定的其他需要管制的核材料。

64. 某市一核设施营运单位，未就涉及公众利益的重大核安全事项征求利益相关方意见，有关部门可其作出处罚。下列说法错误的是(　　)。

A. 责令改正，给予警告；拒不改正的，责令停产整顿

B. 情节严重的，处二十万元以上一百万元以下的罚款

C. 核安全问题秘密重大，无须让太多人知道

答案：C

解析：依据《中华人民共和国核安全法》第七十七条，核设施营运单位未就涉及公众利益的重大核安全事项征求利益相关方意见的，由国务院核安全监督管理部门或者其他有关部门责令改正，给予警告；情节严重的，处二十万元以上一百万元以下的罚款；拒不改正的，责令停止建设或者停产整顿。

65.《中华人民共和国核安全法》是为了保障核安全，预防与应对核事故，安全利用核能，保护公众和从业人员的安全与健康，保护(　　)，促进经济社会可持续发展而制定的。

A. 生态环境

B. 生活环境

C. 自然环境

答案：A

解析：《中华人民共和国核安全法》第一条：为了保障核安全，预防与应对核事故，安全利用核能，保护公众和从业人员的安全与健康，保护生态环境，促进经济社会可持续发展，制定本法。

66. 在我国，核安全工作必须坚持一定的原则。关于这些原则，下列说法错误的是（   ）。

A. 安全第一、预防为主

B. 责任明确、严格管理

C. 开发第一、预防为辅

答案：C

解析：《中华人民共和国核安全法》第四条：核安全工作必须坚持安全第一、预防为主、责任明确、严格管理、纵深防御、独立监管、全面保障的原则。

67. 负责全国的核安全、辐射安全、辐射环境管理的监管工作的机构是（   ）。

A. 国家核安全局

B. 公安部

C. 国家安全部

答案：A

解析：国家核安全局负责全国的核安全、辐射安全、辐射环境管理的监管工作。

68. L省M市N县发生了核事故时，应由哪一级人民政府负责应急响应？（   ）

A. L省人民政府

B. M市人民政府

C. N县人民政府

答案：A

解析：《中华人民共和国核安全法》第六十二条：发生核事故时，由事故发生地省、自治区、直辖市人民政府负责应急响应。

69. 阿龙是一家核电厂的工作人员，根据规定，阿龙所在的核电厂应当开展核安全宣传活动。下列说法错误的是（   ）。

A. 核电厂在保证核设施安全的前提下，对公众有序开放核设施

B. 核电厂应与学校合作，开展对学生的核安全知识教育活动

C. 出于技术保密，核电厂不对外宣传和开放

答案：C

解析：《中华人民共和国核安全法》第六十七条规定核设施营运单位应当采取下列措施，开展核安全宣传活动：（一）在保证核设施安全的前提下，对公众有序开放核设施；（二）与学校合作，开展对学生的核安全知识教育活动；（三）建设核安全宣传场所，印制和发放核安全宣传材料；（四）法律、行政法规规定的其他措施。

70. 某地一家核电站，没有按照规定，对核电站周围环境中所含的放射性核素的种类、浓度实施监测，有关部门可以责令该电站整改，并处（　　）的罚款。

A. 一元以上十万元以下

B. 十万元以上五十万元以下

C. 五千元以上一万元以下

答案：B

解析：《中华人民共和国核安全法》第八十一条：核设施营运单位未对核设施周围环境中所含的放射性核素的种类、浓度或者核设施流出物中的放射性核素总量实施监测，或者未按照规定报告监测结果的，由国务院环境保护主管部门或者所在地省、自治区、直辖市人民政府环境保护主管部门责令改正，处十万元以上五十万元以下的罚款。

71. 出于安全考虑，核电站设计寿命一般为多少年？（　　）

A. 40～60 年

B. 80～100 年

C. 100 年以上

答案：A

解析：核电站使用年限无法确切估算，一般核电站经济寿命周期为 40—60 年。

72. 世界上第一个提出"核安全观"概念的国家是（　　）。

A. 美国

B. 俄罗斯

C. 中国

答案：C

解析：2014 年 3 月 24 日，世界"第三届核安全峰会"在荷兰海牙举行。习近平出席并发表重要讲话，介绍中国核安全措施和成就，阐述中国关于发展和安全并重、权利和义务并重、自主和协作并重、治标和治本并重的核安全观。这中国首次公开提出"核安全观"，中国也是世界各国中第一个提出"核安全观"的国家。

73. 中国核安全观的"六字诀"是什么？（　　）

A. 理性、协调、并进

B. 理性、并进、并重

C. 理性、协作、并重

答案：A

解析："我们要坚持理性、协调、并进的核安全观，把核安全进程纳入健康持续发展的轨道。"2014 年 3 月 24 日，在海牙举行的第三届核安全峰会上，中国国家主席习近平全面系统地阐述了中国的"核安全观"。

74. 在一起事件中，小虎的行为严重危害了核设施安全，他还散布了核泄漏的谣言，构成了犯罪，小虎将被追究什么责任？（　　）

A. 刑事责任

B. 治安管理处罚

C. 批评教育

答案：A

解析：《中华人民共和国核安全法》第十一条：任何单位和个人不得危害核设施、核材料安全。第九十一条：违反本法规定，构成犯罪的，依法追究刑事责任。

75. 根据国际核事件分级表，2011年日本福岛事故应划归哪一级？（   ）

A. 七级、特大事故

B. 五级、具有场外风险的事故

C. 四级、场外无显著风险的事故

答案：A

解析：根据国际核事件分级表，2011年日本福岛事故属于七级、特大事故。

76. 因核事故造成他人人身伤亡、财产损失或者环境损害的，核设施营运单位应当按照国家核损害责任制度承担（   ）责任。

A. 补偿责任

B. 救助责任

C. 赔偿责任

答案：C

解析：《中华人民共和国核安全法》第九十条：因核事故造成他人人身伤亡、财产损失或者环境损害的，核设施营运单位应当按照国家核损害责任制度承担赔偿责任。

国家安全知识竞赛题参考答案

1. A 2. B 3. B 4. B 5. C 6. C 7. C 8. B 9. A 10. B 11. B 12. C 13. A
14. A 15. A 16. A 17. A 18. A 19. A 20. C 21. C 22. A 23. A 24. A 25. C
26. A 27. A 28. B 29. C 30. A 31. A 32. C 33. C 34. A 35. C 36. B 37. A
38. A 39. A 40. A 41. B 42. B 43. A 44. A 45. C 46. A 47. B 48. A 49. B
50. A 51. A 52. B 53. A 54. B 55. A 56. A 57. C 58. A 59. C 60. C 61. A
62. C 63. C 64. C 65. A 66. C 67. A 68. A 69. C 70. B 71. A 72. C 73. A
74. A 75. A 76. C

参考文献

[1]习近平谈治国理政[M]. 北京：外文出版社，2014.

[2]习近平谈治国理政：第2卷[M]. 北京：外文出版社，2017.

[3]习近平谈治国理政：第3卷[M]. 北京：外文出版社，2020.

[4]中共中央党史和文献研究院. 习近平关于总体国家安全观论述摘编[M]. 北京：中央文献出版社，2018.

[5]习近平. 决胜全面建成小康社会 夺取新时代中国特色社会主义伟大胜利：在中国共产党第十九次全国代表大会上的报告（2017年10月18日）[M]. 北京：人民出版社，2017.

[6]《总体国家安全观干部读本》编委会. 总体国家安全观干部读本[M]. 北京：人民出版社，2016.

[7]本书编写组. 总体国家安全观教育读本[M]. 北京：光明日报出版社，2016.

[8]中国共产党第十九次全国代表大会文件汇编[M]. 北京：人民出版社，2017.

[9]中共中央文献研究室. 习近平关于社会主义社会建设论述摘编[M]. 北京：中央文献出版社，2017.

[10]中共中央文献研究室. 习近平关于全面深化改革论述摘编[M]. 北京：中央文献出版社，2014.

[11]中共中央文献研究室. 习近平关于社会主义文化建设论述摘编[M]. 北京：中央文献出版社，2017.

[12]中共中央宣传部. 习近平新时代中国特色社会主义思想学习纲要[M]. 北京：学习出版社，人民出版社，2019.

[13]中共中央宣传部. 习近平新时代中国特色社会主义思想三十讲[M]. 北京：学习出版社，2018.

[14]赵红艳. 总体国家安全观与恐怖主义的遏制[M]. 北京：人民出版社，2018.

[15]王浦劬等. 政治学基础[M]. 4版. 北京：北京大学出版社，2018.

[16]胡惠林. 国家文化安全学[M]. 北京：清华大学出版社，2016.

[17]王建平. 公民安全、社会安全与国家安全[M]. 成都：四川大学出版社，2018.

[18]赵青海. 可持续海洋安全：问题与应对[M]. 北京：世界知识出版社，2013.

[19]刘锋. 南海开发与安全战略[M]，北京：学习出版社，海口：海南出版社，2013.

[20]刘建飞. 中国特色国家安全战略研究[M]. 北京：中共中央党校出版社，2016.

[21]于今. 大国前途："一带一路"与国家安全[M]. 北京：中央编译出版社，2017.

[22]年志远. 经济安全与经济发展研究[M]. 北京：中国社会科学出版社，2017.

[23]杜雁芸，刘杨钺. 科学技术与国家安全[M]. 北京：社会科学文献出版社，2016.

[24]刘强，钮汉章. 国际安全战略思维：文选导读[M]. 北京：时事出版社，2016.

[25]甘培忠. 国家经济安全法律保障制度研究[M]. 北京：法律出版社，2012.

[26]严华，朱建纲. 坚持总体国家安全观[M]. 长沙：湖南教育出版社，2017.

[27]尚伟. 总体国家安全观[M]. 北京：人民日报出版社，2019.

[28]侯娜，池志培. 总体国家安全观研究新探[M]. 北京：中国商务出版社，2020.

[29]左希迎. 美国国家安全战略的转变[M]. 北京：中国社会科学出版社，2020.

[30]杨东，林侃，臧俊恒. 中国金融科技安全教程[M]. 北京：人民出版社，2020.

[31]房正宏. 网络政治参与意识形态安全[M]. 北京：中国社会科学出版社，2017.

[32]韩俊. 14亿人的粮食安全战略[M]. 北京：学习出版社，2012.

[33]刘慧. 中国国家安全研究报告[M]. 北京：社会科学文献出版社，2014.

[34]祁怀高. 构筑东亚未来：中美制度均势与东亚体系转型[M]. 北京：社会科学文献出版社，2011.

[35]人民出版社编写组. 国家安全知识百问[M]. 北京：人民出版社，2020.

[36]方士华. 大学生国家安全教育读本[M]. 北京：首都师范大学出版社，2019.

[37]马瑞映，杨松. 新时代高校国家安全教育通论[M]. 北京：高等教育出版社，2022.

[38]李大光. 国家安全教育通识课[M]. 北京：北京时代华文书局，2021.